Agências Reguladoras e a Solução de Conflitos no Setor de Gás

Agências Reguladoras e a Solução de Conflitos no Setor de Gás

2024

Marcello Portes da Silveira Lobo

ALMEDINA

AGÊNCIAS REGULADORAS E A SOLUÇÃO DE CONFLITOS NO SETOR DE GÁS

Autor: Marcello Portes da Silveira Lobo

Diretor Almedina Brasil: Rodrigo Mentz
Editora Jurídica: Manuella Santos de Castro
Editor de Desenvolvimento: Aurélio Cesar Nogueira
Produtora Editorial: Erika Alonso
Assistentes Editoriais: Letícia Gabriella Batista, Tacila da Silva Souza e Laura Roberti

Diagramação: Almedina
Design de Capa: FBA

ISBN: 9788584936762
Março, 2024

Dados Internacionais de Catalogação na Publicação (CIP)
(Câmara Brasileira do Livro, SP, Brasil)

Lobo, Marcello Portes da Silveira
Agências reguladoras e a solução de conflitos no
setor de Gás / Marcello Portes da Silveira Lobo.
São Paulo : Almedina, 2024.

Bibliografia.
ISBN 978-85-8493-676-2

1. Agências reguladoras – Brasil 2. Gás natural – Leis e legislação – Brasil
3. Regulação – Brasil 4. Solução de conflitos (Direito) I. Título.

24-193343 CDU-35.078.2

Índices para catálogo sistemático:

1. Agências reguladoras : Direito 35.078.2

Cibele Maria Dias – Bibliotecária – CRB-8/9427

AVISO: O presente trabalho não representa parecer legal ou a opinião de Pinheiro Neto Advogados sobre o assunto tratado, mas apenas de seu autor, para fins acadêmicos.

Este livro segue as regras do novo Acordo Ortográfico da Língua Portuguesa (1990).

Editora: Almedina Brasil
Rua José Maria Lisboa, 860, Conj. 131 e 132, Jardim Paulista | 01423-001 São Paulo | Brasil
www.almedina.com.br

Aos meus pais, educadores e exemplos de dedicação à família.

À Lu, minha mulher, companheira e amante, que me faz um homem menos sério, e muito mais feliz, há 24 anos.

Aos nossos filhos, que nos ensinam e nos motivam a sermos melhores a cada dia.

AGRADECIMENTOS

Agradeço aos meus pais, Ana Maria e Francisco José, minha mulher, Lu, e meus filhos, Arthur e Henrique, pela compreensão, pelo entendimento, incentivo e apoio incondicional ao mestrado. Agradeço o contentamento que demonstraram com minha presença ausente, ou ausência presente, durante esse período e, especialmente, nos finais de semana que deveriam ter sido totalmente dedicados a vocês.

Agradeço aos diversos profissionais com quem convivi e aprendi ao longo desses poucos mais de 24 anos de vida profissional, tanto em Pinheiro Neto Advogados, como profissionais de outros escritórios, de clientes e de partes contrárias, com os quais tive a oportunidade de trabalhar.

Em especial, agradeço ao meu sócio Ricardo Coelho, exemplo pessoal e profissional, advogado com raciocínios lógico e jurídico invejáveis, comprometimento e profundidade exemplares.

Agradeço também a todo o corpo docente e ao corpo discente do PPGD da FGV Direito Rio, com quem tive o privilégio e a satisfação de conviver, debater e aprender muito durante o mestrado.

Ao meu orientador, Professor Leandro Molhano Ribeiro, pelas aulas de metodologia e pelo fiel desempenho do seu papel de orientação para o desenvolvimento deste trabalho. À Professora Patrícia Pinheiro Sampaio, que plantou a semente do mestrado ainda durante as aulas no MBA em *Energy Business* da FGV, e ao Professor Edmar Almeida, agradeço a aceitação do convite para compor a banca desde a qualificação e pelas suas valiosas contribuições. Eventuais méritos deste trabalho são certamente seus também. Já as falhas, reservo todas para mim por não ter ouvido ou seguido alguma orientação.

Por fim, agradeço os ensinamentos diários de que tudo é impermanente e que não existe caminho para a felicidade, mas que a felicidade é o caminho. Ao final desta jornada, tenho certeza de que a linha de chegada trará um alívio e grande satisfação pela conclusão do curso, mas terá certamente muito menos importância e ocupará menos lugar na memória afetiva do que o longo percurso na companhia de colegas e mestres durante as aulas, e de diversos autores que me acompanharam nas horas de estudo e que compartilharam suas reflexões em livros e artigos acadêmicos, disseminando o conhecimento e provocando novas reflexões.

NOTA DO AUTOR

Este livro se desenvolveu durante meu curso de Mestrado em Direito da Regulação e se justificou com base em duas premissas. A primeira, de que como resultado do processo de abertura do setor de gás ora em curso, pode-se esperar maior concorrência e pluralidade de agentes no setor. A segunda, de que essa pluralidade de agentes terá o potencial de resultar em mais conflitos regulatórios e comerciais em razão da diversidade de supridores, consumidores e usuários de infraestruturas.

Diante dessas premissas, seu objetivo é discutir a atuação das agências reguladoras na solução de conflitos.

O trabalho utiliza a metodologia de análise bibliográfica sobre os temas tratados e tem como principal hipótese que a atuação de agências reguladoras, discutindo-se em especial a Agência Nacional do Petróleo, Gás Natural e Biocombustíveis (ANP), poderá ser mais adequada em comparação ao Judiciário na solução desses conflitos diante das diversas complexidades e interdependências envolvendo indústrias de rede, como é o caso do gás natural.

Para tanto, são discutidos alguns dos fundamentos para o reconhecimento de sua legitimidade pelos agentes regulados. Mesmo nos casos em que ocorra judicialização em razão de irresignação dos agentes com decisão administrativa, é explorada a hipótese de atuação prévia do regulador ser também adequada, seja para fins de reduzir a assimetria de informações entre os agentes, agências reguladoras e o próprio Judiciário com vistas a incentivar maior deferência à solução encontrada pelo regulador, seja possibilitando a redução do número de matérias ainda controversas entre as partes após os procedimentos regulatórios de conciliação, mediação ou arbitramento regulatório.

Conclui-se que a atuação das agências poderia oferecer vantagens para fins regulatórios e seria aderente ao papel institucional que lhes foi atribuído pela legislação, mas que sua atuação efetiva depende do reconhecimento, pelos agentes, de sua legitimidade e capacidade de atuação de forma imparcial, independente tecnicamente e com observância aos requisitos aplicáveis aos meios adequados de solução de controvérsias.

PREFÁCIO

A literatura sobre regulação das indústrias de infraestrutura é muito extensa e de caráter interdisciplinar. Apesar disto ainda existem importantes "zonas cinzas" no entendimento do papel da regulação e, particularmente, do papel das agências reguladoras.

A regulação pode ser definida como o uso do poder de coerção do Estado com o propósito de restringir as decisões dos agentes econômicos com o objetivo de promover o interesse público e o bem-estar social. As razões que levam o governo a regular setores econômicos ainda é objeto de grande controvérsia na teoria da regulação. A legitimidade da regulação de setores econômico se desenvolveu de forma progressiva a partir de duas doutrinas de intervenção pública na economia: a doutrina americana do "*public interest*" e "*public utilities*" e a doutrina francesa de "*Service publique*".

A doutrina do "*public interest*" se desenvolve a partir de uma visão favorável ao mercado, que parte do princípio de que o empreendimento privado é preferível dentro dos limites do interesse público. Assim é que, no início do século 19, quando se desenvolveu a indústria de gás manufaturado, o problema de interesse público se resumia ao controle das obras de construção das redes de distribuição pelas autoridades municipais. As obras nas vias públicas eram claramente um problema de interesse público, sendo justificável a concessão pela autoridade de licenças de construção.

As noções econômicas e jurídicas de "*Public Utilities*" vão se desenvolver nas décadas de 1920 e 1930 nos EUA, momento de rápido desenvolvimento das indústrias de infraestrutura (especialmente telefone, gás e eletricidade). As "Public Utilities" atuam em setores onde se identifica, de forma pragmática, o interesse público e onde é justificável um controle da atividade econômica. Neste caso, a propriedade da prestadora do serviço não tem motivos para ser estatal, entretanto, a empresa privada deve se submeter ao controle público, nos limites do interesse público. O contrato de concessão é o instrumento de submissão da empresa ao controle público.

A doutrina francesa de "*service publique*" extrapola em muito a noção de "*Public Utilities*" americana. As indústrias caracterizadas como "*service publique*" têm como especificidade uma missão de serviço público definida a partir de um pacto social. Trata-se, portanto, de uma visão muito mais voluntarista, onde busca-se atingir um objetivo econômico e político de caráter coletivo. A noção de "*service publique*" está associada à noção de cidadania e de nacionalidade. Os exemplos mais claros deste tipo de serviço são os serviços públicos administrativos, o serviço de segurança pública, segurança nacional (forças armadas) e os correios.

As indústrias de infraestrutura passaram a serem vistas como um "service publique" a partir do reconhecimento do seu caráter estratégico para o desenvolvimento nacional e a essencialidade dos serviços prestados. Na Europa, esta noção se desenvolveu principalmente após a Segunda Guerra Mundial. As indústrias de rede que haviam se desenvolvido através de investimentos privados até então, haviam sido destruídas durante a guerra e a reconstrução dos países passava pela recuperação destas indústrias. Os pesados investimentos necessários à reconstrução destas indústrias não podiam ser realizados pela iniciativa privada. A negociação social para o projeto de reconstrução econômica acabou resultando no conceito de serviço público abrangente para as indústrias de rede, que passaram a serem vistas como instrumentos não apenas de reconstrução econômica, mas de solidariedade social e de afirmação da nacionalidade. Foi neste contexto que se deu a nacionalização das indústrias de eletricidade, gás, transportes ferroviários e telecomunicações na maioria dos países europeus.

A noção francesa de "*service public*" para as indústrias de infraestruturas encontrou ecos no Brasil a partir dos anos 1950, quando o projeto de industrialização nacional começou a se impor no país. O modelo de intervenção pública que apresentava grande sucesso na recuperação da Europa se adequava perfeitamente ao contexto brasileiro, onde o investimento privado havia construído uma infraestrutura extremamente insuficiente para alimentar o projeto de industrialização. Desta forma, foi a partir da doutrina de serviço público à la francesa que se organizou a intervenção estatal no setor de infraestrutura brasileiro, com a criação de grandes empresas estatais e a organização de uma gestão centralizada do planejamento e financiamento da expansão destas indústrias.

A partir da década de 1970, regulação tradicional das indústrias de rede, inspirada na doutrina de "Public Interest" ou na noção de "service public", passa por um período de crise, com questionamentos crescentes quanto à eficiência econômica dos princípios que orientam a intervenção pública. Na realidade, mudanças importantes nas indústrias de rede e no contexto destas indústrias vão resultar na revisão do acordo social em torno dos princípios que orientavam a intervenção pública. O rompimento do acordo social em torno da regulação tradicional impulsionará reformas nas indústrias de rede em todo o mundo, através de um leque de reformas nas dimensões institucionais, industriais e na regulamentação. O objetivo básico da reforma é aumentar a eficiência econômica das indústrias de rede através da introdução da competição e de uma regulação incentivada.

A implementação destas reformas a partir da década de 1990 tem se dado através da criação de novos órgãos reguladores, com diferentes tipos de arranjos institucionais, mas que compartilham um novo papel muito mais complexo que aquele desempenhado na regulação tradicional: à regulação do monopólio acresce-se a tarefa de regulação das condições de concorrência. Um leque muito mais amplo de missões surge para as agências reguladoras, tais como: i) supervisionar o poder de mercado dos operadores e evitar práticas anti-competitivas; ii) organizar a entrada de novos operadores e promover a competição; iii) zelar pela implementação de um novo modo de organização industrial (desverticalização e separação dos serviços); iv) regular as condições de acesso não discriminatório aos segmentos não concorrenciais da rede (tarifas de acesso); v) estimular a eficiência e a inovação, estimulando a repartição dos ganhos de produtividade registrados na indústria com os consumidores; e vi) e arbitrar eventuais conflitos entre os agentes regulados.

Este livro se dedica justamente à análise do papel das agências reguladoras na solução de conflitos, tendo o setor de gás natural no Brasil como pano de fundo. Trata-se de uma importante contribuição para a literatura sobre regulação numa abordagem jurídica, além de permitir o entendimento da complexidade regulatória do setor de gás natural no Brasil.

O leitor terá a oportunidade de perceber que boa parte do que conhecemos na literatura de regulação como risco regulatório está associado à incapacidade institucional das agências para dirimir conflitos. Os conflitos entre entes regulados se não administrados e solucionados pela agência reguladora acabam evoluindo para judicialização, portanto, para fora do alcance da análise técnica e especializada das agências, com resultados dificilmente previsíveis. Daí a percepção pelos agentes de elevado risco regulatório. Finalmente, este livro não apenas faz o diagnóstico do problema, mas também aponta caminhos para a evolução do papel das agências reguladoras no Brasil com o fito que reduzir os riscos regulatórios.

EDMAR LUIZ FAGUNDES DE ALMEIDA
Prof. Instituto de Energia da PUC-Rio

SUMÁRIO

INTRODUÇÃO

Ainda na fase inicial de abertura do setor de petróleo e gás, nos anos 2000 e 2001, a Agência Nacional do Petróleo, Gás Natural e Biocombustíveis – ANP foi chamada a resolver quatro conflitos a respeito de livre acesso a instalações de transporte, mais especificamente ao Gasoduto Bolívia-Brasil.[1] Não se tem conhecimento de procedimentos relevantes envolvendo esse papel da agência em mais de 20 anos.

No ano em que são celebrados 25 anos da publicação da Lei do Petróleo[2], que também tratou de atividades relacionadas ao gás natural, o setor de gás natural começa a se distanciar daquele do final dos anos 90 e início dos anos 2000. Os desinvestimentos realizados desde 2015 pela Petróleo Brasileiro S.A. – Petrobras, e outras medidas resultantes de compromissos firmados pela empresa com o Conselho Administrativo de Defesa Econômica (CADE), já tornaram realidade a redução da verticalização e aumento da concorrência, com pluralidade de agentes.[3]

[1] Documentos relacionados a esses conflitos podem ser acessados na página da ANP. Disponível em: https://www.gov.br/anp/pt-br/assuntos/movimentacao-estocagem-e-comercializacao-de-gas-natural/transporte-de-gas-natural/resolucao-de-conflitos. Acesso em: 26 mar. 2022.

[2] BRASIL. **Lei nº 9.478, de 6 de agosto de 1997**. Dispõe sobre a política energética nacional, as atividades relativas ao monopólio do petróleo, institui o Conselho Nacional de Política Energética e a Agência Nacional do Petróleo e dá outras providências. Brasília, DF: Presidência da República, 1997. Disponível em: http://www.planalto.gov.br/ccivil_03/leis/l9478.htm. Acesso em: 26 mar. 2022.

[3] Informações sobre contratos de fornecimento de gás entre diferentes supridores e distribuidoras de gás natural disponíveis em: https://www.gov.br/anp/pt-br/assuntos/

Essa migração de uma estrutura verticalizada e hierarquizada em uma única firma, a Petrobras, para uma estrutura de mercado, coordenada pelos contratos entre os agentes[4], determina as tendências para os anos que virão.

Este trabalho parte da premissa de que, mantendo-se constantes as demais condições[5], uma das tendências com o aumento da concorrência e do número de agentes atuando no setor, como fornecedores, consumidores[6], detentores e usuários de infraestruturas, será o maior potencial de conflitos. Não sendo evitáveis[7], deveriam, ao menos, ser resolvidos adequadamente.[8]

Para fins deste trabalho, propõe-se o conceito de conflito como uma situação em que os entendimentos das partes envolvidas se contrapõem a respeito da existência ou validade, da eficácia ou disponibilidade, assim como da extensão, de direitos e obrigações de cada parte, ou, ainda, das condições para seu exercício. Em último caso, um conflito pode levar a uma disputa ou ao litígio entre as partes, seja em juízo (perante o Judiciário)

movimentacao-estocagem-e-comercializacao-de-gas-natural/acompanhamento-do-mercado--de-gas-natural/publicidade-de-contratos-de-compra-e-venda. Acesso em: 12 out. 2022.

[4] COASE, Ronald H. **The Nature of the Firm**. Economica, v. 4, n. 16, 1937, p. 386–405. Disponível em: http://www.jstor.org/stable/2626876. Acesso em: 12 out. 2022.

[5] Não se negligencia o fato de que a diminuição da participação da Petrobras no mercado reduz ou elimina alguns conflitos com distribuidoras estaduais envolvendo a movimentação de gás às suas próprias instalações na condição de autoprodutora ou autoimportadora, assim como acusações de práticas anticoncorrenciais como as que originaram processos no CADE.

[6] Para fins deste trabalho, o termo consumidor possui um conceito mais amplo do que aquele contido no Código de Defesa do Consumidor (Lei nº 8.078, de 11 de setembro de 1990), pelo qual consumidor é toda pessoa física ou jurídica que adquire ou utiliza produto ou serviço como destinatário final.

[7] *"Conflict and disputes are pervasive in society. They touch every individual, every family, every organization, and every relationship between and among these individuals and groups."* (RISKIN, Leonard L.; WESTBROOK, James E.; GUTHRIE, Chris; HEINSZ, Timothy J.; REUBEN, Richard C.; ROBBENNOLT, Jennifer K. **Dispute Resolution and Lawyers**. 3. ed. Minnesota: Thomson West Publishing, 2005. p. 1)

[8] *"Conflict is natural and inevitable. It happens to everyone. The key is not to avoid it but to manage it effectively."* (MCCARTHY GALLAGHER, Deirdre; MILES, Richard L.; PURDY, Jerrilynne. **Alternative dispute resolution in the regulatory process**. East Lansing: Michigan State University Press, 2020. p. xiii)

ou em arbitragem (perante um ou mais árbitros), caso em que a decisão tomada por esses terceiros é imposta às partes.[9]

Torna-se, assim, de especial relevância a análise do papel institucional a ser desempenhado pelas agências reguladoras diante de conflitos, com o objetivo de promover sua tempestiva e adequada solução.

Como será discutido no trabalho, é fundamental em setores regulados que sejam evitados impactos a outros agentes ou riscos sistêmicos e que sejam preservados os objetivos regulatórios e a coerência com a regulação setorial emitida com base nesses objetivos.

O problema identificado para pesquisa é que, em razão das complexidades e das interdependências no setor de gás e dos diversos usos desse energético, incluindo nos setores elétrico, industrial, residencial e comercial, a relevância dos conflitos dificilmente estará circunscrita ou limitada às partes diretamente envolvidas e à sua relação, ou ao seu negócio jurídico, podendo a solução do conflito causar externalidades, com impactos indesejáveis a diversos agentes, outras relações e negócios, ou, até mesmo, à própria regulação setorial e aos seus objetivos.

De acordo com Jordão, "as questões regulatórias são, assim, frequentemente *policêntricas*, distando da usual característica das questões judiciais (normalmente bipolares)"[10], de forma que decisões judiciais podem não ser capazes de considerar os diversos interesses envolvidos e, consequentemente, prejudicar a coerência da regulação setorial ao decidir sobre conflitos submetidos à sua jurisdição.

Leon Fuller e Keneth Winston fazem alertas sobre as complexidades envolvidas em discussões econômicas policêntricas, demonstrando

[9] Riskin, Westbrook, Guthrie, Heinsz, Reuben e Robbennolt usam conceitos similares: "*conflict, as we use the term, is an actual or perceived clash of interests, which can develop from any or all of the sources addressed in this section (individual characteristics, social process, or social structure). Disputes arise out of those sources of conflict, and are the concrete manifestations of the underlying conflict. Put another way, a dispute is a conflict that has been acted upon, a product of the conflict.*" (RISKIN, Leonard L.; WESTBROOK, James E.; GUTHRIE, Chris; HEINSZ, Timothy J.; REUBEN, Richard C.; ROBBENNOLT, Jennifer K. **Dispute Resolution and Lawyers**. 3. ed. Minnesota: Thomson West Publishing, 2005. p. 5)

[10] JORDÃO, Eduardo. **Controle judicial de uma administração pública complexa**: a experiência estrangeira na adaptação da intensidade do controle. São Paulo: Malheiros: SBDP, 2016. p. 136.

como as repercussões de uma decisão podem afetar diversas outras partes.[11]

No caso de setores regulados, ainda mais ilustrativa é a comparação dos mesmos autores com uma teia de aranha, em que, ao ser puxado um fio, há uma distribuição de tensões por toda a teia[12]. Essa, infelizmente, tem sido a experiência do setor elétrico, como será visto mais à frente.

O próprio Supremo Tribunal Federal (STF) já reconheceu que a complexidade dos conflitos regulatórios "revela a reduzida expertise do Judiciário para o controle jurisdicional das escolhas políticas e técnicas subjacentes à regulação econômica, bem como de seus efeitos sistêmicos"[13]. Além disso, "os métodos de julgamento da justiça brasileira levam um tempo para se manifestar no plano da efetividade, já que não só longa

[11] *"The point that comes first to mind is that courts move too slowly to keep up with a rapidly changing economic scene. The more fundamental point is that the forms of adjudication cannot encompass and take into account the complex repercussions that may result from any change in prices or wages. A rise in the price of aluminum may affect in varying degrees the demand for, and therefore the proper price of, thirty kinds of steel, twenty kinds of plastics, an infinitude of woods, other metals, etc. Each of these separate effects may have its own complex repercussions in the economy. In such a case it is simply impossible to afford each affected party a meaningful participation through proofs and arguments. It is a matter of capital importance to note that it is not merely a question of the huge number of possibly affected parties, significant as that aspect of the thing may be. A more fundamental point is that each of the various forms that award might take (say, a three-cent increase per pound, a four-cent increase, a five-cent increase, etc.) would have a different set of repercussions and might require n each instance a definition of the 'parties affected'."* (FULLER, Lon L.; WINSTON, Kenneth I. **The Forms and Limits of Adjudication**. Harvard Law Review, v. 92, n. 2, 1978. p. 394-395. Disponível em: https://doi.org/10.2307/1340368. Acesso em: 26 nov. 2022.)

[12] *"We may visualize this kind of situation by thinking of a spider web. A pull on one strand will distribute tensions after a complicated pattern throughout the web as a whole. Doubling the original pull will, in all likelihood, not simply double each of the resulting tensions but will rather create a different complicated pattern of tensions. This would certainly occur, for example, if the double pull caused one or more of the weaker strands to snap. This is a "polycentric" situation because it is "many centered" – each crossing of strands is a distinct center for distributing tensions."* (FULLER, Lon L.; WINSTON, Kenneth I. **The Forms and Limits of Adjudication.** Harvard Law Review, v. 92, n. 2, 1978. p. 395. Disponível em: https://doi.org/10.2307/1340368. Acesso em: 26 nov. 2022.)

[13] Apud. SANTOS, Pedro Felipe de Oliveira; FONSECA, Gabriel Campos Soares da. Intervenção judicial e políticas regulatórias: por uma análise institucional. *In*: FONSECA, Reynaldo Soares da; COSTA, Daniel Castro Gomes da (Coord.). **Direito Regulatório**: desafios e perspectivas para a Administração Pública. Belo Horizonte: Fórum, 2020. p. 171.

é a atividade instrutória do magistrado como inúmeras são as instâncias recursais a serem percorridas."[14]

É fundamental no atual momento de abertura do setor que ocorra debate sobre a solução dos conflitos de forma mais adequada e rápida, de modo que não se contraponha aos objetivos da regulação.[15]

A hipótese que orienta este trabalho é que o envolvimento de agências reguladoras, especialmente da ANP como agência federal e responsável por regular a maior parte das atividades do setor de gás, poderá ser benéfica para uma solução mais adequada dos conflitos ou, quando menos, contribuir para que a decisão de terceiro (juiz ou árbitro) seja mais informada e coerente com os objetivos da regulação, na medida que a atuação prévia do regulador possa ter reduzido a assimetria de informações entre os agentes, agências reguladoras e o próprio decisor, ou o escopo do conflito.

Entende-se por benéfica e adequada, para fins deste trabalho, a atuação que permita uma solução do conflito de forma mais coerente com a regulação e com os objetivos regulatórios, mais célere e dotada de maior legitimidade e aceitabilidade perante as partes, evitando-se a judicialização e impactos indesejáveis aos demais agentes e, consequentemente, sobre o próprio funcionamento do setor. O termo benéfica considera o interesse público e até mesmo o interesse particular dos agentes. Mas, no longo prazo, para fins de eficiência da regulação, e não o interesse particular das partes no curto prazo e exclusivamente quanto ao objeto da controvérsia.

[14] MARQUES, Mauro Luiz Campbell. Os desafios da implantação de método alternativo de solução de controvérsias em contratos administrativos em razão do conflito de interesses no âmbito da atividade normativa das agências reguladoras: breve estudo envolvendo as UHE de Jaguará, Miranda e São Simão. *In*: FONSECA, Reynaldo Soares da; COSTA, Daniel Castro Gomes da (Coord.). **Direito regulatório**: desafios e perspectivas para a Administração Pública. Belo Horizonte: Fórum, 2020. p. 107.

[15] Nesse sentido, "*Who are the stakeholders? What are the concerns? What are the challenges? What are the resolution practices to date? What works well? What could be improved? Understanding the dispute dynamic equips designers with the information to identify the problems and to craft or tweak an accessible and responsive dispute resolution program to address those problems. The end product is a system that equips all stakeholders with the information, skills, and options they need to manage their disputes. Employing a comprehensive and systematic approach to dispute resolution requires a proactive orientation to conflict, rather than reactive responses. In the regulatory realm, with competing demands for time and money, devoting attention to present and future conflict may not feel like a priority.*" (MCCARTHY GALLAGHER, Deirdre; MILES, Richard L.; PURDY, Jerrilynne. **Alternative dispute resolution in the regulatory process**. East Lansing: Michigan State University Press, 2020. p.19)

Pretende-se, para esse fim, responder às seguintes perguntas: (1) qual o papel institucional da ANP (a título de exemplo de agência reguladora setorial) na solução de conflitos e se pode atuar diretamente para arbitrar o conflito, ou se seria etapa prévia e necessária a conciliação ou a mediação; (2) quais são os fundamentos de legitimidade para essa atuação regulatória na solução de conflitos; e (3) em que medida a atuação das agências reguladoras poderia, ao menos em tese, limitar ou ser benéfica em caso de eventual recurso das partes ao Judiciário após decisão pela agência reguladora.

Para o seu desenvolvimento, este trabalho utiliza como método uma pesquisa exploratória com base em bibliografia envolvendo mecanismos de solução de conflitos, especialmente a negociação entre as partes[16], conciliação ou mediação, arbitragem e o próprio Judiciário, com o objetivo de identificar benefícios e limitações à atuação de agências reguladoras com esse propósito.

O setor de gás foi escolhido pelo momento atual de abertura e, portanto, por ser terreno fértil para uma pesquisa sobre os papéis da regulação, do regulador e dos regulados na solução de conflitos. Considerando a interdependência dos contratos e dos agentes[17], e impactos sistêmicos que o inadimplemento de um agente pode gerar no mercado, o potencial de novos conflitos, assim como a forma como poderão ser solucionados, são problemas que justificam a análise proposta.[18]

[16] "*Much negotiation in law practice, particularly that involved in resolving disputes, is based on adversarial assumptions – i.e., that the purpose of the negotiation is to divide a limited resource. In recent years, however, scholars have argued that problem-solving approaches to negotiation, long-used in putting together business deals and other transactions, can and should be applied to dispute resolution.*" (RISKIN, Leonard L.; WESTBROOK, James E.; GUTHRIE, Chris; HEINSZ, Timothy J.; REUBEN, Richard C.; ROBBENNOLT, Jennifer K. **Dispute Resolution and Lawyers**. 3. ed. Minnesota: Thomson West Publishing, 2005. p. 15)

[17] Sobre interdependência entre agentes em conflito, cf. "*In The Mind and Heart of the Negotiator, Leigh Thompson defines negotiation as 'a decision-making process by which two or more people agree how to allocate scarce resources[...] The presence of two or more people implies that the decision-making process is inherently interdependent – that is, what one party does affect the other party.' The concept of interdependence is an important one.*" (MCCARTHY GALLAGHER, Deirdre; MILES, Richard L.; PURDY, Jerrilynne. **Alternative dispute resolution in the regulatory process**. East Lansing: Michigan State University Press, 2020. p. 6)

[18] A propósito dos efeitos sistêmicos, cf. MARQUES, Kassio Nunes. Temas de direito de energia à luz da análise econômica do direito e dos mecanismos de solução de conflito. *In*: FONSECA,

Dessa forma, serão também analisadas a regulação e a indústria do gás e (i) avaliados os casos em que a legislação estabelece expressamente a competência da ANP para solucionar os conflitos entre agentes desse setor, (ii) analisados os casos em que a ANP já foi chamada a atuar em conflitos específicos no início do processo de abertura do setor, (iii) avaliados instrumentos que poderiam ser adotados para conferir maior legitimidade à ANP e demais agências reguladoras no exercício desse papel; e (iv) analisadas as mudanças do marco legal e as discussões travadas para seu desenvolvimento, principalmente no âmbito do Gás para Crescer e do Novo Mercado de Gás, com o objetivo de verificar quais os potenciais conflitos a serem dirimidos nessa nova fase do setor de gás, inclusive em razão de disputas judiciais de longa data existentes no setor e não resolvidas completamente pelo novo marco legal[19].

Procura-se explorar se a atuação prévia da ANP seria mecanismo mais adequado aos tipos de conflito identificados em comparação ao Judiciário, inclusive para fins de reduzir a assimetria de informações[20] entre as partes e eventuais decisores a respeito dos objetivos da regulação e dos efeitos sistêmicos que deveriam ser evitados em cada caso.[21]

Reynaldo Soares da; COSTA, Daniel Castro Gomes da (Coord.). **Direito regulatório**: desafios e perspectivas para a Administração Pública. Belo Horizonte: Fórum, 2020. p. 421-440.

[19] Disputas a respeito dos limites de competência dos Estados para regular os serviços locais de gás canalizado e do *by-pass* físico e comercial serão abordadas no capítulo quatro.

[20] A esse respeito, "*Consensus processes cannot be judged by settlement alone – because the process to move toward consensus, even if unsuccessful, may be beneficial for several reasons. Parties are well educated about their own case, gaining a more realistic understanding of their prospects, and about what is important to the other parties. Even if resolution is not reached, parties may agree to resolve or drop certain issues before moving forward in a traditional process. The parties may also establish a more constructive and communicative rapport, which will help them navigate the case and help them with their interactions in the future (if they have an ongoing relationship).*" (MCCARTHY GALLAGHER, Deirdre; MILES, Richard L.; PURDY, Jerrilynne. **Alternative dispute resolution in the regulatory process**. East Lansing : Michigan State University Press, 2020. p. 28-29)

[21] Cf. Guerra: "o controle judicial é balizado pelo direito, de modo que essa perspectiva limita o acesso do magistrado a todos os aspectos e impactos prospectivos da escolha regulatória que se fundamenta, para além do direito, em critérios metajurídicos. A confrontação de razões do regulador com as razões dos Tribunais não se desenvolve em um plano de igualdade; isto é, não é simétrica. Ao regulador compete eleger, dentro do amplo espaço que em cada caso lhe permitem a lei e o direito, as razões – jurídicas, econômicas, sociais, técnicas, ambientais –, em curto, médio e longo prazo, que servem de suporte a suas decisões. Essas razões não podem ser utilizadas pelos Tribunais para justificar as suas, como dito, apenas de direito sobre

Este trabalho será desenvolvido em três capítulos, além desta introdução e da conclusão. O primeiro capítulo abordará uma discussão teórica sobre os mecanismos adequados de solução de conflitos, bem como os fundamentos de legitimidade de terceiros em seus diferentes papeis para a solução de conflitos em geral, em linha com a adoção de um sistema multiportas pelo Código de Processo Civil (CPC) e pelo Conselho Nacional de Justiça (CNJ).

O segundo capítulo discutirá a competência de agências reguladoras na solução de conflitos, legitimidade da sua atuação em mediações e arbitragens regulatórias, deferência pelos órgãos de controle (em especial, o Judiciário) e o papel que os aprendizados institucional e coletivo poderão ter na prevenção de novos conflitos. Nesse capítulo serão brevemente discutidos os casos em que a ANP atuou no início da década de 2000.

O terceiro capítulo descreverá brevemente o setor de gás no Brasil, algumas de suas complexidades, conflitos atuais e gargalos para o desenvolvimento do mercado concorrencial, tendo em vista a relevância dessas noções para a análise conduzida neste trabalho a respeito do potencial de conflitos com a abertura do mercado e entrada de novos agentes nesse setor antes sob domínio e coordenação da Petrobras. Nesse capítulo, serão explorados alguns dos potenciais conflitos no setor de gás, incluindo conflitos regulatórios, como os relativos ao direito de acesso a infraestruturas essenciais, e conflitos comerciais, resultantes de obrigações contratuais.

Por fim, são apresentadas as conclusões, incluindo o caminho a ser percorrido paralelamente à abertura do mercado de gás diante das preocupações identificadas no trabalho.[22]

determinados conflitos entre partes conflitantes." (GUERRA, Sérgio. **Discricionariedade, regulação e reflexividade**: uma Nova Teoria sobre as Escolhas Administrativas. 6. ed. rev. e atual. Belo Horizonte: Fórum, 2021. p. 300).

[22] A esse respeito, Lon Fuller e Kenneth Winston constatam que nem sempre é possível atingir esses objetivos: "*a good many of our regulatory agencies were initiated in the hope that as knowledge was gained case by case a body of principle would emerge that would be understandable by all concerned and that would bring their adjucative decisions within the rule of law. In some cases this hope has been at least partially vindicated; in others it has been almost completely disappointed.*" (FULLER, Lon L.; WINSTON, Kenneth I. **The Forms and Limits of Adjudication**. Harvard Law Review, v. 92, n. 2, 1978. p. 374. Disponível em: https://doi.org/10.2307/1340368. Acesso em: 26 nov. 2022.)

1.
PREVENÇÃO E SOLUÇÃO DE CONFLITOS

Um dos principais objetivos do direito é a paz social.[23] O conceito de paz social implica evitar a realização da justiça de forma unilateral, "com as

[23] Segundo Paulo Nader, "as necessidades de paz, ordem e bem comum levam a sociedade à criação de um organismo responsável pela instrumentalização e regência desses valores. Ao Direito é conferida esta importante missão. A sua faixa ontológica localiza-se no mundo da cultura, pois representa elaboração humana. O Direito não corresponde às necessidades individuais, mas a uma carência da coletividade. A sua existência exige uma equação social. Só se tem direito relativamente a alguém. O homem que vive fora da sociedade vive fora do império das leis. O homem só, não possui direitos nem deveres." (NADER, Paulo. **Introdução ao estudo do direito**. 44. ed. Rio de Janeiro: Forense, 2022. p. 19). No mesmo sentido, Tércio Sampaio Ferraz Jr.: "o jurista da era moderna, ao construir os sistemas normativos, passa a servir aos seguintes propósitos, que são também seus princípios: a teoria instaura-se para o estabelecimento da paz, a paz do bem-estar social, a qual consiste não apenas na manutenção da vida, mas da vida mais agradável possível." (FERRAZ JUNIOR, Tercio Sampaio. **Introdução ao estudo do direito**: técnica, decisão, dominação. 11. ed. São Paulo: Atlas, 2019. p. 45.). E, ainda, Sílvio de Salvo Venosa: "a atividade valorativa orientada para realizar a ordem, a segurança e a paz social faz surgir o Direito, posicionado na realidade cultural ou mundo da cultura. Embora seja um dado eminentemente cultural, o Direito participa igual e ativamente do mundo da natureza e do mundo dos valores, pois fenômeno algum escapa à sua integração. O Direito representa ao mesmo tempo um processo e um produto cultural. Como processo é uma atividade valorativa que busca realizar a ordem, a segurança, a paz social, o bem comum." (VENOSA, Sílvio de Salvo. **Introdução ao estudo do direito**. 7. ed. Barueri, SP: Atlas, 2022. p. 13). Cf. Fuller e Winston, "*the object of the rule of law is to substitute for violence peaceful ways of settling disputes. Obviously peace cannot be assured simply by treaties, agreements, and legislative enactment.*

próprias mãos", sendo atribuído ao Estado o poder de normatizar e de resolver conflitos.[24] Tanto a prevenção quanto a solução de conflitos estão inseridas nesse objetivo do Direito.[25]

Segundo Ihering, "a justiça sustenta numa das mãos a balança em que pesa o direito, e na outra a espada de que se serve para o defender. A espada sem a balança é a força brutal; a balança sem a espada é a impotência do direito".[26]

Ainda que os conflitos se configurem muitas vezes apenas entre duas partes, em relações meramente bilaterais, seus efeitos ultrapassam os limites dessas relações, seja pela fixação de um exemplo ou precedente a respeito da aplicação da norma a um caso concreto, seja em razão de existirem outras relações em cadeia que podem ser direta ou indiretamente afetadas pelo resultado da disputa. Importante, nesse sentido, lembrar as lições de Miguel Reale, no sentido de que: "o Direito, porém, não visa a ordenar as relações dos indivíduos entre si para satisfação apenas dos indivíduos, mas, ao contrário, para realizar uma convivência ordenada, o que se traduz na expressão: 'bem comum'".[27]

There must be some agency capable of determining the rights of parties in concrete situations of controversy." (FULLER, Lon L.; WINSTON, Kenneth I. **The Forms and Limits of Adjudication**. Harvard Law Review, v. 92, n. 2, 1978. p. 372. Disponível em: https://doi.org/10.2307/1340368. Acesso em: 26 nov. 2022.)

[24] SILVEIRA LOBO, Marcello Portes da. **Segurança jurídica**: um objetivo constante. Disponível em: https://www.migalhas.com.br/depeso/279523/seguranca-juridica--um--objetivo-constante. Acesso em: 21 maio 2022.

[25] Para Leon Fuller e Kenneth Winston, "*it is customary to think of adjudication as a means of settling disputes or controversies. This is, of course, its most obvious aspect. The normal occasion for a resort to adjudication is when parties are at odds with one another, often to such a degree that a breach of social order is threatened. More fundamentally, however, adjudication should be viewed as a form of social ordering, as a way in which the relations of men to one another are governed and regulated. Even in the absence of any formalized doctrine of stare decisis or res judicata, an adjudicative determination will normally enter in some degree into the litigants' future relations and into the future relations of other parties who see themselves as possible litigants before the same tribunal. Even if there is no statement by the tribunal of the reasons for its decision, some reason will be perceived or guessed at, and the parties will tend to govern their conduct accordingly.*" (FULLER, Lon L.; WINSTON, Kenneth I. **The Forms and Limits of Adjudication**. Harvard Law Review, v. 92, n. 2, 1978. p. 357. Disponível em: https://doi.org/10.2307/1340368. Acesso em: 26 nov. 2022.)

[26] VON IHERING, Rudolf. **A luta pelo direito**. 16. ed. Rio de Janeiro: Forense, 1998. p. 1.

[27] REALE, Miguel. **Lições preliminares de direito**. 27. ed., São Paulo: Saraiva, 2002. p. 59.

No caso de setores regulados, especialmente aqueles em que há a configuração de indústria de rede, esse propósito é ainda mais relevante. Diversos agentes do setor podem ser afetados por decisões em um conflito bilateral, especialmente no caso de essas decisões não guardarem coerência com os objetivos e os termos da regulação setorial.

Faz-se necessário, portanto, que o regulador se ocupe tanto da prevenção como da solução adequada dos conflitos. A prevenção pode se dar com a fixação do exemplo ou precedente, que indica às partes envolvidas e, na medida que sejam públicos, a terceiros, de que forma conflitos similares poderão ser resolvidos. Há, dessa forma, redução da assimetria de informação entre as partes e, consequentemente, do viés de excesso de confiança (aspectos que serão abordados mais abaixo como barreiras à negociação de um acordo).[28]

Tanto a prevenção como a solução dos conflitos serão aprofundados posteriormente com relação ao setor de gás. Antes disso, serão analisados neste capítulo, de forma mais genérica, diferentes mecanismos de prevenção e solução de conflitos, incluindo suas características e situações em que podem ser considerados mais adequados para o bem comum.[29]

1.1. É melhor prevenir do que remediar?

A sabedoria popular indica que "é melhor prevenir do que remediar". O ponto de interrogação no título desta seção, todavia, não é mera provocação

[28] Erik Wolkart destaca que "o valor social do precedente, assim, divide-se em dois. Em primeiro lugar, ele muitas vezes identifica a norma, por meio de uma determinada interpretação, reduzindo as assimetrias de informacionais, como vimos acima. De outro lado, ao menos em ambientes decisionais não rígidos (como no direito de família), ele atualiza a norma, conformando-a com mudanças culturais e sociais que ocorrem ao longo do tempo." (WOLKART, Erik Navarro. **Análise econômica do processo civil**: como a economia, o direito e a psicologia podem vencer a tragédia da justiça. 2. ed. São Paulo: Thomson Reuters Brasil, 2020. p. 380.)

[29] Reale esclarece que "*o bem comum não é a soma dos bens individuais, nem a média do bem de todos; o bem comum, a rigor, é a ordenação daquilo que cada homem pode realizar sem prejuízo do bem alheio, uma composição harmônica do bem de cada um com o bem de todos.*" (REALE, Miguel. **Lições preliminares de direito**. 27. ed., São Paulo: Saraiva, 2002. p. 59). Em setores regulados, seria, assim, a ordenação daquilo que cada agente pode realizar sem prejuízo do bem alheio (direitos dos demais agentes e dos usuários).

ou figura de retórica. Como será discutido, nem sempre a prevenção será percebida pelos agentes como a melhor opção ou, surpreendentemente, será a opção mais incentivada pela legislação.

A principal forma, sob o ponto de vista do Direito, de se prevenir conflitos é o regramento do comportamento esperado de cada um, seja em lei (em seu sentido genérico de norma) ou em contrato. Assim, para fins de segurança jurídica, idealmente seria possível tudo prever e tudo estabelecer, em lei ou em contrato.[30]

Todavia, como se discutirá mais à frente, essa não é a realidade do processo legislativo ou normativo e, tampouco, do processo negocial entre as partes. Ainda que fosse possível prever todas as situações, o regramento de algumas delas pode não ser viável em razão de tempo, recursos financeiros e esforço necessários para uma negociação completa, ou da impossibilidade de se atingir um consenso, caso em que deixa-se a negociação sobre tal aspecto para depois, apenas se e quando a situação de fato ocorrer.[31]

[30] Conforme Paulo Nader, "as normas jurídicas não são geradas por acaso, mas visando a alcançar certos resultados sociais. Como processo de adaptação social que é, o Direito se apresenta como fórmula capaz de resolver problemas de convivência e de organização da sociedade." (NADER, Paulo. **Introdução ao estudo do direito**. 44. ed. Rio de Janeiro: Forense, 2022. p. 86). Quanto às obrigações contratuais, esclarece o mesmo autor que "contratual é o dever decorrente de um acordo de vontades, cujos efeitos são regulados em lei. As partes, atendendo aos interesses, vinculam-se através de contrato, onde definem seus direitos e deveres. O dever jurídico contratual pode existir a partir da celebração do contrato ou do prazo determinado pelas partes, podendo sujeitar-se à condição suspensiva ou resolutiva. O motivo determinante de um acordo de vontades é a fixação de direitos e deveres. Normalmente os contratos estabelecem uma cláusula penal, para a hipótese de violação do acordo. O descumprimento de um dever jurídico ocasiona, então, o nascimento de um outro dever jurídico, qual seja o de atender à consequência prevista na cláusula penal." (NADER, Paulo. **Introdução ao estudo do direito**. 44. ed. Rio de Janeiro: Forense, 2022. p. 288).

[31] Fuller e Winston fazem alerta sobre tratados internacionais que podem também ser aplicados aos contratos em geral: "*international treaties are often filled with purposeful ambiguities; some issues are simply too touchy to be resolved by agreement. When a dispute later develops around such issues, the agreement offers no guidance. To demand of a court that it simply resolve such issues 'fairly' is to ask the court to decide something about which the parties themselves could not agree and, for the determination of which no standard exists.*" (FULLER, Lon L.; WINSTON, Kenneth I. **The Forms and Limits of Adjudication**. Harvard Law Review, v. 92, n. 2, 1978. p. 373. Disponível em: https://doi.org/10.2307/1340368. Acesso em: 26 nov. 2022.)

Há outros motivos pelos quais não é possível tudo prever e estabelecer, em lei ou em contrato. Alguns conceitos da economia, inclusive a economia comportamental, são de especial relevância nesse contexto: assimetria de informações, custos de transação, racionalidade limitada, viés da disponibilidade e excesso de confiança são alguns deles.

Enquanto assimetria de informações e custos de transação estão bastante vinculados, uma vez que a obtenção de informações necessárias à negociação do contrato ou à propositura de emendas legislativas exige investimento de tempo, dinheiro e outros recursos, a racionalidade limitada se opõe à crença da teoria econômica clássica de que o ser humano seria um agente plenamente capaz de agir racionalmente com o objetivo de maximizar seus interesses.

Entre outras características mencionadas por Herbert Simon[32], o *homo economicus* considerado nessa teoria seria dotado de "capacidade imensa de elaborar e compreender informações para definir suas expectativas, através de um raciocínio probabilístico e dedutivo ilimitado".[33]

Mesmo que fosse possível ao ser humano tamanha capacidade de acúmulo de informações e análises para esse fim, há outros elementos que possuem um papel relevante no processo decisório, como o viés da disponibilidade e o excesso de confiança. O primeiro diz respeito à "tendência de se valorizar eventos grandes e memoráveis, mais próximos ou mais noticiados e ignorar estatísticas reais"[34]. O segundo trata da tendência de se acreditar que coisas boas acontecerão conosco com maior frequência do que as estatísticas apontam, e que coisas ruins têm menos chances de ocorrerem conosco.[35]

Com base nesses dois vieses, legisladores (no processo legislativo) e partes contratuais (na negociação de contratos) podem dedicar seus esforços e atenção na regulação de situações mais extremas e menos

[32] SIMON, Herbert. **A Behavioral Model of Rational Choice**. The Quarterly Journal of Economics, v. 69, n. 1. Oxford University Press, 1955. p. 99-118. Disponível em: https://jstor.org/stable/1884852. Acesso em: 12 out. 2022.

[33] PORTO, Antônio Maristrello; GAROUPA, Nuno. **Curso de análise econômica do direito**. São Paulo: Atlas, 2020. p. 132-133

[34] PORTO, Antônio Maristrello; GAROUPA, Nuno. **Curso de análise econômica do direito**. São Paulo: Atlas, 2020. p. 150-151

[35] PORTO, Antônio Maristrello; GAROUPA, Nuno. **Curso de análise econômica do direito**. São Paulo: Atlas, 2020. p. 152-153

frequentes ou improváveis, negligenciando outros eventos menos extremos e mais prováveis, cujo esforço em regular poderia se mostrar mais eficiente.

Hart e Moore baseiam-se na literatura sobre contratos incompletos, considerando a dificuldade para as partes de preverem o futuro, para tratar dos contratos como pontos de referência em caso de eventual disputa.[36]

Lei e contrato, portanto, podem ser vistos como um guia de referência que consolida a intenção das partes (incluindo o legislador) e o regramento de determinadas situações consideradas relevantes o bastante para serem tratadas de forma específica. Na ausência de regramento, deverá o decisor recorrer às regras de interpretação contratual e à analogia.

Outros fatores, externos às partes e à sua relação, podem também contribuir bastante na escolha entre prevenir ou prever (no caso, regular previamente) e remediar (renegociar ou litigar).

Ao tratar da análise econômica da solução de disputas, expressão definida pelo próprio autor como algo que antecede o estudo do processo civil ou o litígio, Wilson Pimentel faz o alerta de que "o atual desenho institucional da solução estatizada de conflitos no Brasil consegue, ao mesmo tempo, incentivar a litigância e desestimular o investimento em prevenção", ao externalizar grande parte dos custos do conflito para a sociedade.[37]

Adicionalmente, diante de insegurança jurídica e da falta de previsibilidade correta da eventual decisão, bem como da prática de intervenção do Judiciário na alocação de risco das partes ou na falta de deferência às decisões de agências, não pode ser descartada a hipótese de as partes simplesmente escolherem não regular algumas situações por entenderem que a solução de determinada controvérsia por terceiros poderá ser mais favorável aos seus interesses posteriormente.

[36] HART, Oliver; MOORE, John. **Contracts as Reference Points**. The Quarterly Journal of Economics, v. 123, n. 1, 2008, p. 1–48. Disponível em: http://www.jstor.org/stable/25098893. Acesso em: 28 ago. 2022. p. 2.

[37] PIMENTEL, Wilson. Introdução à análise econômica da solução de disputas. *In*: PINHEIRO, Armando Castelar; PORTO; Antonio José Maristrello; PINHEIRO SAMPAIO, Patrícia Regina (coords.). **Direito e Economia**: diálogos II. Rio de Janeiro: FGV Editora, 2022. p.159.

1.2. A decisão de litigar

A sabedoria popular também indica que “mais vale um mau acordo a uma boa demanda”.[38]

Mas, se assim fosse, não teríamos tamanha litigiosidade no Brasil. O Poder Judiciário finalizou o ano de 2021 com 77,3 milhões de processos em tramitação, dos quais 27,7 milhões correspondem a casos novos[39].

Ihering já indicava que “a experiência de todos os dias mostra-nos processos em que o valor do objeto em litígio está fora de toda a proporção com a soma provável dos sacrifícios, das emoções e das despesas”.[40] E, em linha com o que é também afirmado pela economia comportamental, complementa que “não é o prosaico interesse pecuniário que arroja o lesado a encetar o processo, mas a dor moral que lhe causa a injustiça sofrida; não se trata para ele de recuperar simplesmente o objeto do litígio [...] mas sim de valer o seu justo direito!”[41]

Todavia, não é apenas o sentimento de justiça que justifica esses números, ao menos em nosso país.

Natália Vilar realizou recente estudo sobre a litigiosidade no Brasil a partir de referências bibliográficas e análise de dados, e menciona em sua dissertação que trata-se de “um fenômeno multifacetado e que nenhuma ciência isolada poderia explicar todas as peculiaridades” [42]. Na investigação, recorreu à comunicação entre economia e direito, à

[38] Ada Pellegrini Grinover menciona ser do sentimento popular “o refrão segundo o qual ‘mais vale um mau acordo, do que uma boa demanda’.” (GRINOVER, Ada Pellegrini. **Deformalização do processo e deformalização das controvérsias.** *In*: Revista de Informação Legislativa, n. jan/mar. 1988, p. 191-218, 1988. p. 17. Disponível em: http://www2.senado.leg.br/bdsf/handle/id/181826. Acesso em: 22 nov. 2022.

[39] BRASIL. **Justiça em números 2022: ano-base 2021**. Brasília: CNJ, 2022. Disponível em: https://www.cnj.jus.br/wp-content/uploads/2022/09/justica-em-numeros-2022-1.pdf. Acesso em: 29 out. 2022. p. 104-105.

[40] VON IHERING, Rudolf. **A luta pelo direito**. 16. ed. Rio de Janeiro: Forense, 1998. 14.

[41] VON IHERING, Rudolf. **A luta pelo direito**. 16. ed. Rio de Janeiro: Forense, 1998. p. 16.

[42] VILAR, Natália Ribeiro Machado. **Comportamento litigioso como a neurociência, a psicologia e a economia explicam o excesso de processos no Brasil**: uma análise da hiperlitigiosidade brasileira que leva em conta o real comportamento humano e o sistema de incentivos dos atores processuais. Indaiatuba: Editora Foco, 2021. p. 27.

psicologia, à neurociência[43], bem como a elementos culturais da sociedade brasileira.[44]

No caso específico do Brasil, a autora constata que são vários os fatores, e resume da seguinte forma: "a estruturação das custas, gratuidades e isenções judiciárias, o modelo de Juizados Especiais, a instabilidade institucional brasileira e o mercado advocatício nacional funcionam como um sistema de incentivos ao comportamento litigioso".[45]

Fux e Bodart registram que "quanto maior o valor da causa, menos confiante precisa estar o indivíduo para racionalmente litigar, pois a legislação estabelece um teto de custas, que funciona como uma gratuidade de justiça parcial automática".[46] Quanto mais acima do teto for o valor envolvido na disputa, menor será a proporção das custas.

No mesmo sentido, Wilson Pimentel constata que "o cenário atual revela, com tranquilidade, que uma parte considerável dos custos do conflito não é suportada pelas partes litigantes do processo judicial, mas repassada à sociedade".[47]

[43] No mesmo sentido, Riskin, Westbrook, Guthrie, Heinsz, Reuben e Robbennolt, "*the field of dispute resolution is broad, and has been informed not only by the teachings of law, but also of psychology, anthropology, economics, and political science, among other disciplines.*" (RISKIN, Leonard L.; WESTBROOK, James E.; GUTHRIE, Chris; HEINSZ, Timothy J.; REUBEN, Richard C.; ROBBENNOLT, Jennifer K. **Dispute Resolution and Lawyers**. 3. ed. Minnesota: Thomson West Publishing, 2005. p. 2)

[44] Erik Wolkart afirma, a respeito do CPC, que "novos procedimentos, incentivos e possibilidades foram criados. Ainda existe, é verdade, um problema cultural e uma tendência paternalista do brasileiro de sempre buscar solução do conflito na decisão judicial. O congestionamento da Justiça e o tempo do processo, por si sós, ainda não foram suficientes para alterar esse comportamento. Outros incentivos precisam ser criados para estimular o comportamento colaborativo das partes, dos advogados e dos juízes." (WOLKART, Erik Navarro. **Análise econômica do processo civil**: como a economia, o direito e a psicologia podem vencer a tragédia da justiça. 2. ed. São Paulo: Thomson Reuters Brasil, 2020. p. 81-82.)

[45] VILAR, Natália Ribeiro Machado. **Comportamento litigioso como a neurociência, a psicologia e a economia explicam o excesso de processos no Brasil**: uma análise da hiperlitigiosidade brasileira que leva em conta o real comportamento humano e o sistema de incentivos dos atores processuais. Indaiatuba: Editora Foco, 2021. p. 136.

[46] FUX, Luiz; BODART, Bruno. **Processo civil e análise econômica**. 2. ed. Rio de Janeiro: Forense, 2021. p. 50.

[47] PIMENTEL, Wilson. Introdução à análise econômica da solução de disputas. *In*: PINHEIRO, Armando Castelar; PORTO; Antonio José Maristrello; PINHEIRO SAMPAIO, Patrícia Regina (coords.). **Direito e Economia**: diálogos II. Rio de Janeiro: FGV Editora, 2022. p.156.

Uma vez feitos esses apontamentos iniciais a respeito da situação atual do Brasil, cabe analisar a teoria a respeito da decisão de litigar.

Conflitos podem perdurar, "ainda que exista um número de possíveis soluções que melhor serviriam aos interesses das partes".[48] Diversas barreiras existem para a solução do conflito, incluindo barreiras baseadas nas táticas e estratégias adotadas pelas partes com o objetivo de maximizar seus ganhos no curto e longo prazo, barreiras psicológicas baseadas nos processos cognitivos e motivacionais (vieses na forma como informações são interpretadas, riscos avaliados, prioridades definidas e sentimentos em relação a ganhos e perdas), e barreiras organizacionais, institucionais e outros fatores estruturais.[49]

Mnookin refere-se às descobertas de psicólogos e neurocientistas, de que as pessoas percebem a realidade e decidem de duas formas fundamentalmente diferentes, definidas como raciocínio intuitivo e raciocínio analítico. O primeiro opera de forma automática, com menor esforço e baseada em emoção e sentimentos. O segundo, analítico, seria mais consciente, deliberativo, sistemático e lógico.[50] Daniel Kanneman menciona que são dois sistemas, o Sistema 1 (que opera automática e rapidamente) e o Sistema 2 (que aloca atenção às atividades mentais laboriosas que o requisitam, incluindo cálculos complexos).[51]

A partir desses achados, Mnookin identifica algumas armadilhas negativas que incentivam uma percepção exagerada do custo de negociação e subestimada dos seus benefícios, enquanto as armadilhas positivas resultariam justamente no oposto.[52]

[48] MNOOKIN, Robert; ROSS, Lee. Introduction. *In*: ARROW, Kenneth; MNOOKIN, Robert; ROSS, Lee; TVERSKY, AMOS; WILSON, Robert (ed.). **Barriers to Conflict Resolution**. New York: W.W. Norton & Company, 1995. p. 3.

[49] MNOOKIN, Robert; ROSS, Lee. Introduction. *In*: ARROW, Kenneth; MNOOKIN, Robert; ROSS, Lee; TVERSKY, AMOS; WILSON, Robert (ed.). **Barriers to Conflict Resolution**. New York: W.W. Norton & Company, 1995. p. 6.

[50] MNOOKIN, Robert. **Bargaining with the devil**: when to negotiate, when to fight. New York: Simon & Schuster, 2010. p. 16-17.

[51] KAHNEMAN, Daniel. **Rápido e devagar**: duas formas de pensar. Rio de Janeiro: Objetiva, 2012. p. 29

[52] MNOOKIN, Robert. **Bargaining with the devil**: when to negotiate, when to fight. New York: Simon & Schuster, 2010. p. 21.

Em resumo, as armadilhas negativas incluem tribalismo (identidade de grupo, com efeitos de desconfiança em relação a outros grupos), demonização (tendência de considerar a outra parte como representante do mal), desumanização (considerando o outro lado fora da ordem moral, menos que humano), moralismo e hipocrisia (tendência de ver o outro lado como totalmente errado enquanto o seu lado é inocente e correto), soma zero (visão do mundo como uma competição em que um lado ganha e o outro necessariamente perde), luta/fuga (diante do conflito, inclinação a lutar ou fugir) e arregimentação para a batalha (mobilização das tropas de colaboradores para uma luta contra o mal).[53]

Tendo em vista que a análise de custo-benefício para uma decisão entre negociar ou litigar pode ser afetada por essas armadilhas e vieses[54], o autor sugere que as partes se perguntem (i) quais os seus interesses e quais os interesses da outra parte, (ii) quais as alternativas à negociação para as duas partes, (iii) se há um ou mais acordos que possam melhor satisfazer os interesses das partes e suas respectivas alternativas, (iv) qual o custo da negociação e os recursos tangíveis que podem ser necessários, como dinheiro e tempo da equipe, se a reputação será afetada e se a negociação poderia resultar em um precedente ruim; e, por fim, (v) caso as partes cheguem a um acordo, se é razoável esperar que será cumprido, se é possível confiar na outra parte.[55]

No que diz respeito aos itens (ii) (alternativas à negociação) e (iv) (custo da negociação), Wilson Pimentel utiliza o modelo desenvolvido por Shavell[56] para ilustrar como a decisão das partes a respeito das alternativas à negociação, especialmente o litígio, e do custo da negociação podem

[53] MNOOKIN, Robert. **Bargaining with the devil**: when to negotiate, when to fight. New York: Simon & Schuster, 2010. p. 18-21.

[54] A respeito de vieses e outros fatores que podem impactar a repactuação de contratos, cf. SILVEIRA LOBO, Marcello Portes da. Repactuação de contratos durante a pandemia: comentários com base na análise econômica e comportamental do direito. *In*: PORTO, Antônio Maristrello; SEIXAS, Luiz Felipe Monteiro (Orgs.). **Perspectivas da análise econômica do direito no Brasil**. Rio de Janeiro: FGV Direito Rio, 2022. p. 343-369.

[55] MNOOKIN, Robert. **Bargaining with the devil**: when to negotiate, when to fight. New York: Simon & Schuster, 2010. p. 27-28, 262.

[56] SHAVELL, Steven. *Suit, Settlement, and Trial*: A Theoretical Analysis under Alternative Methods for the Allocation of Legal Costs. The Journal of Legal Studies, v. 11, n. 1. The University of Chicago Press, 1982. p. 55-81. Disponível em: https://jstor.org/stable/724155. Acesso em: 12 out. 2022.

ser afetados pela "diferença do prognóstico das partes decorrente de divergências com relação à análise dos fatos ou na aplicação do direito".[57]

Essa diferença de prognóstico pode resultar, quanto aos fatos, da assimetria de informações entre as partes. Pode estar também relacionada à percepção das partes quanto à aplicação do direito, razão pela qual "a uniformização da jurisprudência é de extrema relevância".[58] Wilson Pimentel conclui em sua análise que é preciso, em relação a esse tema, "ter consciência de que a assimetria de julgamento, ou de prognósticos com relação ao resultado da disputa, tem impacto direto na judicialização dos conflitos e realça a importância de incrementar a previsibilidade do resultado das ações judiciais".[59]

Mas, como já antecipado, não somente a assimetria de informações e as divergências jurisprudenciais prejudicam essa análise de custo-benefício. Conforme resumido por Natália Vilar:

> A partir da premissa de que nem sempre o litigante decide como um agente racional maximizador da utilidade pretendida, alguns elementos comportamentais podem influenciar quanto à tomada de decisão sobre a realização de um acordo ou sobre o ajuizamento (ou prosseguimento) de uma ação judicial. O excesso de otimismo, por exemplo, pode comprometer a coleta e a interpretação de informações, interferindo na avaliação quanto às propostas de acordo e aos riscos relacionados às decisões judiciais. Além do mais, como decorrência do conhecimento parcial de informações e da distorção do viés da confirmação, as partes realizam previsões irrealistas sobre o resultado do litígio. A ausência de uma percepção clara sobre quais são as regras aplicáveis, intensificadas pela instabilidade institucional, também serve de estímulo ao comportamento litigioso, na medida que os envolvidos sempre encontram, dentre regras e entendimentos jurídicos confusos, argumentos que se adequem à sua finalidade.

57 PIMENTEL, Wilson. Introdução à análise econômica da solução de disputas. *In*: PINHEIRO, Armando Castelar; PORTO; Antonio José Maristrello; PINHEIRO SAMPAIO, Patrícia Regina (coords.). **Direito e Economia**: diálogos II. Rio de Janeiro: FGV Editora, 2022. p.151.

58 PIMENTEL, Wilson. Introdução à análise econômica da solução de disputas. *In*: PINHEIRO, Armando Castelar; PORTO; Antonio José Maristrello; PINHEIRO SAMPAIO, Patrícia Regina (coords.). **Direito e Economia**: diálogos II. Rio de Janeiro: FGV Editora, 2022. p. 152.

59 PIMENTEL, Wilson. Introdução à análise econômica da solução de disputas. *In*: PINHEIRO, Armando Castelar; PORTO; Antonio José Maristrello; PINHEIRO SAMPAIO, Patrícia Regina (coords.). **Direito e Economia**: diálogos II. Rio de Janeiro: FGV Editora, 2022. p.152.

Esses fatores fortalecem o fenômeno do "WYSIATI"[o que você vê é tudo o que há], pois, aumentada a confiança das próprias crenças e narrativas, desconsideram-se outras evidências, simplesmente por não serem conhecidas ou percebidas (superconfiança e viés da confirmação). Nesse sentido, é reforçada a heurística da disponibilidade e a negligência com a taxa-base porque as pessoas tendem a dar mais relevância a estereótipos do que a fatos estatísticos. [60]

A influência da economia comportamental e da neurociência é também objeto de tese de doutorado de Erik Navarro Wolkart, que registra que, até os anos 1970, não havia ferramental apto à previsão do comportamento humano considerando desvios e limitações de nossa racionalidade, e que "isso começa a mudar com as descobertas dos psicólogos Daniel Kahneman e Amos Tverty (*prospect theory*), que, juntamente com o economista Richard Thaler, acabam por propor uma perspectiva completamente nova para a economia."[61]

Nesse sentido, "é importante que as partes se conscientizem e compreendam os riscos envolvidos em uma disputa judicial, com base em informações mais completas, a fim de mitigar o excesso de otimismo, o viés de confirmação e a descrença do oponente".[62]

Mnookin e Ross[63] apontam que a decisão é também afetada pela busca por justiça ou equidade[64], vieses na assimilação ou interpretação

[60] VILAR, Natália Ribeiro Machado. **Comportamento litigioso como a neurociência, a psicologia e a economia explicam o excesso de processos no Brasil**: uma análise da hiperlitigiosidade brasileira que leva em conta o real comportamento humano e o sistema de incentivos dos atores processuais. Indaiatuba: Editora Foco, 2021. p. 136-137.

[61] WOLKART, Erik Navarro. **Análise econômica do processo civil**: como a economia, o direito e a psicologia podem vencer a tragédia da justiça. 2. ed. São Paulo: Thomson Reuters Brasil, 2020. p. 409.

[62] VILAR, Natália Ribeiro Machado. **Comportamento litigioso como a neurociência, a psicologia e a economia explicam o excesso de processos no Brasil**: uma análise da hiperlitigiosidade brasileira que leva em conta o real comportamento humano e o sistema de incentivos dos atores processuais. Indaiatuba: Editora Foco, 2021. p. 138.

[63] MNOOKIN, Robert; ROSS, Lee. Introduction. *In*: ARROW, Kenneth; MNOOKIN, Robert; ROSS, Lee; TVERSKY, AMOS; WILSON, Robert (ed.). **Barriers to Conflict Resolution**. New York: W.W. Norton & Company, 1995. p. 11-18.

[64] Ihering faz distinção entre as situações ao afirmar, por um lado, que "*é um dever de todo o homem para consigo combater por todos os meios de que disponha a desconsideração para com a sua pessoa*

do contexto da disputa ou das propostas apresentadas pela outra parte, desvalorização reativa de propostas e concessões da outra parte, aversão à perda, excesso de confiança, assim como redução e rejeição de dissonância cognitiva (racionalização ou justificativa das falhas passadas em chegar a um acordo e os custos incorridos ao continuar a discussão).

A busca por justiça ou equidade[65] resulta na constatação de que "os efeitos do pedido de desculpas estimulam a boa-fé e contribuem para um comportamento cooperativo entre as partes, aumentando as chances de uma solução negociada entre os interessados".[66] Contudo, o pedido de desculpas muitas vezes é visto como um reconhecimento de culpa (em sentido genérico) da parte, de ter efetiva e intencionalmente agido de forma errada ou inapropriada, sendo assim percebido como prejudicial para a posição negocial.[67]

no desprezo do seu direito" e, por outro, que "*inteiramente diferente é a posição do proprietário em face do possuidor de boa fé do que lhe pertence. Aqui a questão de saber o que há a fazer não toca o seu sentimento do direito, o seu caráter, a sua personalidade, antes é uma pura questão de interesse, porque não há aqui outro objetivo mais do que o valor da propriedade.*" (VON IHERING, Rudolf. **A luta pelo direito**. 16. ed. Rio de Janeiro: Forense, 1998. p. 21.)

[65] Riskin, Westbrook, Guthrie, Heinsz, Reuben e Robbennolt fazem importante distinção entre interesses e posições das partes envolvidas em conflitos: "*a position is what someone says he wants or is entitled to have. [...] An interest is the need or motive that underlies the position. The plaintiff might be motivated by interests of self-respect, or clarifying or improving his relationship with the defendant and others; the plaintiff might also have interests, in the coverage of compensatory and non-economic damages, such as punishing the defendant, a faster settlement or even an apology The claim for money damages, even if it is successful, might not satisfy all of these interests (or corresponding interests of the defendant). In an interest-based process, the object is to reconcile interests, so both can, in some sense 'win'.*" (RISKIN, Leonard L.; WESTBROOK, James E.; GUTHRIE, Chris; HEINSZ, Timothy J.; REUBEN, Richard C.; ROBBENNOLT, Jennifer K. **Dispute Resolution and Lawyers**. 3. ed. Minnesota: Thomson West Publishing, 2005. p. 19)

[66] VILAR, Natália Ribeiro Machado. **Comportamento litigioso como a neurociência, a psicologia e a economia explicam o excesso de processos no Brasil**: uma análise da hiperlitigiosidade brasileira que leva em conta o real comportamento humano e o sistema de incentivos dos atores processuais. Indaiatuba: Editora Foco, 2021. p. 137.

[67] Sobre o tema, vale registrar o Enunciado 208 aprovado na II Jornada Prevenção e solução extrajudicial de litígios: "A apresentação de uma proposta de acordo, antes ou durante o litígio, por si só, não pode ser interpretada como reconhecimento do direito da parte contrária nem como indício de plausibilidade do direito por ela alegado." Disponível em: https://www.cjf.jus.br/cjf/corregedoria-da-justica-federal/centro-de-estudos-judiciarios-1/publicacoes-1/cjf/corregedoria-da-justica-federal/centro-de-estudos-judiciarios-1/

Para Natália Vilar, "todos esses elementos, somados à ausência de risco da demanda, estimulam o comportamento litigioso dos particulares, sobretudo em face do Poder Público, justificando e potencializando o sentimento nacional de ineficiente estado das coisas".[68] Por outro lado, "a aversão à perda, o viés do presente e a aversão ao arrependimento também impactam significativamente na percepção do litígio e do valor do bem pretendido".[69]

Erik Wolkart destaca o efeito da falácia dos custos a fundo perdido e afirma que, no Brasil, "o legislador posicionou no início do processo o principal momento para composição das partes, qual seja, a audiência de mediação ou conciliação (ainda que a autocomposição deva ser estimulada em todas as suas fases)."[70] Se a busca do acordo no início do processo ampara-se na economia dos custos que seriam dispendidos ao longo do processo, naquele momento há ainda grande assimetria de informações.[71]

O problema destacado por Erik Wolkart com base na falácia dos custos a fundo perdido é que, em razão da alocação das custas do processo no momento inicial, "em caso de acordo ou desistência, via de regra, não há mais nada a economizar, ressalvado o reembolso da metade desse valor, caso de outra forma não decidam as partes"[72], conforme o art. 90, § 2º

prevencao-e-solucao-extrajudicial-de-litigios/?_authenticator=60c7f30ef0d8002d17dbe298563b6fa2849c6669. Acesso em: 12 out. 2022.

[68] VILAR, Natália Ribeiro Machado. **Comportamento litigioso como a neurociência, a psicologia e a economia explicam o excesso de processos no Brasil**: uma análise da hiperlitigiosidade brasileira que leva em conta o real comportamento humano e o sistema de incentivos dos atores processuais. Indaiatuba: Editora Foco, 2021. p. 137.

[69] VILAR, Natália Ribeiro Machado. **Comportamento litigioso como a neurociência, a psicologia e a economia explicam o excesso de processos no Brasil**: uma análise da hiperlitigiosidade brasileira que leva em conta o real comportamento humano e o sistema de incentivos dos atores processuais. Indaiatuba: Editora Foco, 2021. p. 137.

[70] WOLKART, Erik Navarro. **Análise econômica do processo civil**: como a economia, o direito e a psicologia podem vencer a tragédia da justiça. 2. ed. São Paulo: Thomson Reuters Brasil, 2020. p. 433.

[71] WOLKART, Erik Navarro. **Análise econômica do processo civil**: como a economia, o direito e a psicologia podem vencer a tragédia da justiça. 2. ed. São Paulo: Thomson Reuters Brasil, 2020. p. 433.

[72] WOLKART, Erik Navarro. **Análise econômica do processo civil**: como a economia, o direito e a psicologia podem vencer a tragédia da justiça. 2. ed. São Paulo: Thomson Reuters Brasil, 2020. p. 434.

do CPC. Conclui o autor que "não é difícil perceber que o pagamento antecipado das custas aumentará o ânimo do autor de ir até o final do processo, enfrentando o tempo e o desgaste de sua longa duração."[73]

O mesmo autor menciona outros vieses como exemplos, incluindo adaptação hedônica (*hedonic adaptation*)[74], a avaliação do que é justo de acordo com a autoconveniência (*self-serving bias*), viés de confirmação (*confirmation bias*) e análise em retrospectiva (*hindsight bias*).[75]

Como se percebe, diversos são os elementos que influenciam a decisão de litigar e delegar a um terceiro a solução da controvérsia.

O tema é amplo e extrapola o objeto deste trabalho. Para fins deste trabalho, o objetivo é alertar para a existência desses fatores e influências.

Não pode tampouco ser descartada a hipótese de mero comportamento estratégico de algumas partes, buscando auferir algum tipo de vantagem por meio de decisões equivocadas, quando considerados os objetivos da regulação, às custas dos demais agentes setoriais e do funcionamento do setor regulado. A esse respeito, Natália Vilar alerta que "a falta de autocontenção dos juízes pode gerar posturas arbitrárias e desprezar decisões de órgãos que teriam maior capacidade técnica para solução de problemas da sociedade".[76]

Essa postura do Judiciário voltará a ser abordada no capítulo dois, considerando sua relevância no caso de conflitos envolvendo setores regulados, em que assuntos técnicos são discutidos, ou outros agentes do setor afetados pelas decisões de conflitos aparentemente bilaterais.

[73] WOLKART, Erik Navarro. **Análise econômica do processo civil**: como a economia, o direito e a psicologia podem vencer a tragédia da justiça. 2. ed. São Paulo: Thomson Reuters Brasil, 2020. p. 435.

[74] Diminuição da intensidade afetiva relacionada a circunstâncias favoráveis (ganhar na loteria, por exemplo) e desfavoráveis (perda de capacidade motora, por exemplo) ao longo do tempo.

[75] WOLKART, Erik Navarro. **Análise econômica do processo civil**: como a economia, o direito e a psicologia podem vencer a tragédia da justiça. 2. ed. São Paulo: Thomson Reuters Brasil, 2020. p. 435-436.

[76] VILAR, Natália Ribeiro Machado. **Comportamento litigioso como a neurociência, a psicologia e a economia explicam o excesso de processos no Brasil**: uma análise da hiperlitigiosidade brasileira que leva em conta o real comportamento humano e o sistema de incentivos dos atores processuais. Indaiatuba: Editora Foco, 2021. p. 141.

1.3. Sistema multiportas

O quadro acima não é muito animador ao se considerar o sistema tradicional de monopólio estatal na solução dos conflitos. Diferentes meios de solução de controvérsias estão ganhando, aos poucos, reconhecimento e aceitação de outros atores. Eventualmente, o papel protagonista do Estado na solução dos conflitos pode migrar para um papel subsidiário, aplicável apenas caso outros meios não sejam capazes de solucionar o conflito.[77]

O Conselho Nacional de Justiça – CNJ aprovou em 2010 a Resolução nº 125 de 29 de novembro de 2010[78], reconhecidamente um marco nesse sentido.

Segundo Paulo da Silva, a constatação é de que "a transformação social impôs um volume maior de disputas, a crise dos Estados nacionais abriu espaço para novas arenas de litigância e o perfil variado dos litígios exige adequados métodos para resolvê-las".[79]

Marco Antônio Lorencini define como Sistema Multiportas o "complexo de opções, envolvendo diferentes métodos, que cada pessoa tem à sua disposição para tentar solucionar um conflito".[80]

A mudança que se busca, no entanto, é cultural, e não se faz por decreto (ou lei). A lei poderá ter papel indutivo de comportamento. Nesse sentido, embora o "novo" Código de Processo Civil (Lei nº 13.105, de 16

[77] DA SILVA, Paulo Eduardo. Resolução de disputas: métodos adequados para resultados possíveis e métodos possíveis para resultados adequados. *In*: SALLES, Carlos Alberto de; LORENCINI, Marco Antônio Garcia Lopes (coord.). **Negociação, mediação, conciliação e arbitragem**: curso de métodos adequados de solução de controvérsias. 3. ed. Rio de Janeiro: Forense, 2020. p. 25.

[78] BRASIL. **Resolução nº 125, de 29 de novembro de 2010**. Dispõe sobre a Política Judiciária Nacional de tratamento adequado dos conflitos de interesses no âmbito do Poder Judiciário e dá outras providências. Brasília: Conselho Nacional de Justiça – CNJ, 2010. Disponível em: https://atos.cnj.jus.br/files/compilado18553820210820611ffaaaa2655.pdf. Acesso em: 22 maio 2022.

[79] DA SILVA, Paulo Eduardo. Resolução de disputas: métodos adequados para resultados possíveis e métodos possíveis para resultados adequados. *In*: SALLES, Carlos Alberto de; LORENCINI, Marco Antônio Garcia Lopes (coord.). **Negociação, mediação, conciliação e arbitragem**: curso de métodos adequados de solução de controvérsias. 3. ed. Rio de Janeiro: Forense, 2020. p. 17.

[80] LORENCINI, Marco Antônio Garcia Lopes. "Sistema multiportas": opções para tratamento de conflitos de forma adequada. *In*: SALLES, Carlos Alberto de; LORENCINI, Marco Antônio Garcia Lopes (coord.). **Negociação, mediação, conciliação e arbitragem**: curso de métodos adequados de solução de controvérsias. 3. ed. Rio de Janeiro: Forense, 2020. p. 42.

de março de 2015)[81] reproduza o disposto na Constituição Federal (art. 5º, XXXV)[82], e estabeleça que não se excluirá da apreciação jurisdicional ameaça ou lesão a direito (art. 3º, *caput*), admite expressamente (art. 3º, parágrafo 1º) a arbitragem, na forma da lei, e determina que o Estado promoverá, sempre que possível, a solução consensual dos conflitos (art. 3º, § 2º).[83]

A respeito da Resolução nº 125, Mariângela Faleiro, Clayton Resende e Juliano Veiga reforçam que "introduziu a mudança de mentalidade na sociedade, ao incentivar a constante utilização dos meios alternativos de solução de conflitos".[84]

O CPC determina que a União, os Estados, o Distrito Federal e os Municípios criarão câmaras de mediação e conciliação, com atribuições relacionadas à solução consensual de conflitos no âmbito administrativo, tais como: (i) dirimir conflitos envolvendo órgãos e entidades da administração pública; (ii) avaliar a admissibilidade dos pedidos de resolução de conflitos, por meio de conciliação, no âmbito da administração pública; (iii) promover, quando couber, a celebração de termo de ajustamento de conduta (art. 174).

[81] BRASIL. **Lei nº 13.105, de 16 de março de 2015**. Código de Processo Civil. Brasília, DF: Presidência da República, 2015. Disponível em: http://www.planalto.gov.br/ccivil_03/_ato2015-2018/2015/lei/l13105.htm. Acesso em: 29 maio 2022.

[82] BRASIL. **Constituição da República Federativa do Brasil de 1988**. Brasília, DF: Assembleia Nacional Constituinte, 1988. Disponível em: http://www.planalto.gov.br/ccivil_03/constituicao/constituicao.htm. Acesso em: 26 mar. 2022.

[83] Essa disposição legal é muito útil. Conforme relembra Paulo da Silva, "a recepção da Lei de Arbitragem brasileira não foi imediata. Por cinco anos, pendeu contra ela uma impugnação de constitucionalidade junto ao Supremo Tribunal Federal, fundada no argumento de violação da garantia de acesso à justiça (CF, art. 5º, XXXV). Em 2001, a Corte confirmou a constitucionalidade da Lei, por sete votos a quatro. Fundamentou-se no fato de a arbitragem se limitar a demandas envolvendo direitos disponíveis e, afinal de contas, 'o inciso XXXV' representa um direito à ação, e não um dever' (STF, SE 5.206)" (DA SILVA, Paulo Eduardo. Resolução de disputas: métodos adequados para resultados possíveis e métodos possíveis para resultados adequados. *In*: SALLES, Carlos Alberto de; LORENCINI, Marco Antônio Garcia Lopes (coord.). **Negociação, mediação, conciliação e arbitragem**: curso de métodos adequados de solução de controvérsias. 3. ed. Rio de Janeiro: Forense, 2020. p. 20)

[84] FALEIRO, Mariângela Meyer; RESENDE, Clayton Rosa de; VEIGA, Juliano Carneiro. *In*: FUX, Luiz; ÁVILA, Henrique; CABRAL, Trícia Navarro Xavier (Coord.). **Tecnologia e justiça multiportas.** Indaiatuba, SP: Editora Foco, 2021. p. 290

Assim, a conciliação, a mediação e outros métodos de solução consensual de conflitos deverão ser estimulados por juízes, advogados, defensores públicos e membros do Ministério Público, inclusive no curso do processo judicial (art. 3º, § 3º).[85]

A máxima de que "mais vale um acordo ruim do que uma boa briga" foi, portanto, positivada no Código de Processo Civil e tem sido objeto de projetos-piloto dos tribunais.[86]

Para Paulo da Silva, "a valorização do caráter participativo pressupõe que a jurisdição seria, simplesmente, uma atividade para resolver conflitos de forma justa e que o direito processual concentraria as regras para que isso aconteça de forma isonômica."[87] O autor afirma que enquanto os mecanismos direcionados ao acordo dependem basicamente da convergência de vontade dos envolvidos, os mecanismos baseados em decisão dependem principalmente da legitimidade do terceiro.[88]

Além dessa diferença fundamental entre os métodos autocompositivos e os heterocompositivos, "cada método possui uma estrutura própria, integrada pelos atores participantes do processo e as regras a serem

[85] Cf. "*With the exception of arbitration, ADR processes are collaborative and consensus-building, and they allow the parties, through dialogue, to understand each other's issues and what is important to the other parties, with the assistance of a neutral third party. ADR allows the parties to develop more creative and expanded solutions than a court or regulatory agency legally may be allowed to order.*" (MCCARTHY GALLAGHER, Deirdre; MILES, Richard L.; PURDY, Jerrilynne. **Alternative dispute resolution in the regulatory process**. East Lansing : Michigan State University Press, 2020. p. 6)

[86] Cf. GIUSTI, Gilberto; SILVEIRA LOBO, Marcello Portes da. **Construindo pontes em tempos de covid-19**: projeto-piloto de conciliação e mediação do TJSP. Disponível em: https://www.migalhas.com.br/depeso/325384/construindo-pontes-em-tempos-de-covid-19--projeto-piloto-de-conciliacao-e-mediacao-do-tj-sp. Acesso em 22 maio 2022.

[87] DA SILVA, Paulo Eduardo. Resolução de disputas: métodos adequados para resultados possíveis e métodos possíveis para resultados adequados. *In*: SALLES, Carlos Alberto de; LORENCINI, Marco Antônio Garcia Lopes (coord.). **Negociação, mediação, conciliação e arbitragem**: curso de métodos adequados de solução de controvérsias. 3. ed. Rio de Janeiro: Forense, 2020. p. 28-29.

[88] DA SILVA, Paulo Eduardo. Resolução de disputas: métodos adequados para resultados possíveis e métodos possíveis para resultados adequados. *In*: SALLES, Carlos Alberto de; LORENCINI, Marco Antônio Garcia Lopes (coord.). **Negociação, mediação, conciliação e arbitragem**: curso de métodos adequados de solução de controvérsias. 3. ed. Rio de Janeiro: Forense, 2020. p. 29.

observadas – com destaque para o procedimento a ser trilhado até a solução final."[89]

São, assim, diferentes os elementos necessários nos métodos que visam chegar a um acordo, daqueles que visam chegar a uma decisão. Para o acordo, relação (etapas preparatórias de aproximação das partes), condução (identificação da controvérsia e debate das soluções) e vontade (o acordo em si). Já para uma decisão, participação (apresentação dos argumentos), comprovação (demonstração das razões) e a decisão em si.[90]

Algumas observações são importantes no que diz respeito ao sistema multiportas ora implantado pelo CPC.

"Não é incomum que, no processo judicial, o juiz assuma a condução da mediação ou da conciliação. Neste caso, o terceiro que tenta o acordo é o mesmo que, em seguida, fixa os pontos controvertidos, ouve as testemunhas e peritos e, ao fim, decide", como relata Paulo da Silva[91] Foi bem recebida, assim, a nova legislação, que "enfatiza a distinção que deve haver entre as funções exercidas pelo terceiro que busca o acordo daquelas exercidas pelo julgador, além de restringir o uso das informações entre os diferentes métodos".[92] Isto, porque "do ponto de vista prático, as partes em

[89] DA SILVA, Paulo Eduardo. Resolução de disputas: métodos adequados para resultados possíveis e métodos possíveis para resultados adequados. *In*: SALLES, Carlos Alberto de; LORENCINI, Marco Antônio Garcia Lopes (coord.). **Negociação, mediação, conciliação e arbitragem**: curso de métodos adequados de solução de controvérsias. 3. ed. Rio de Janeiro: Forense, 2020. p. 30.

[90] DA SILVA, Paulo Eduardo. Resolução de disputas: métodos adequados para resultados possíveis e métodos possíveis para resultados adequados. *In*: SALLES, Carlos Alberto de; LORENCINI, Marco Antônio Garcia Lopes (coord.). **Negociação, mediação, conciliação e arbitragem**: curso de métodos adequados de solução de controvérsias. 3. ed. Rio de Janeiro: Forense, 2020. p. 37.

[91] DA SILVA, Paulo Eduardo. Resolução de disputas: métodos adequados para resultados possíveis e métodos possíveis para resultados adequados. *In*: SALLES, Carlos Alberto de; LORENCINI, Marco Antônio Garcia Lopes (coord.). **Negociação, mediação, conciliação e arbitragem**: curso de métodos adequados de solução de controvérsias. 3. ed. Rio de Janeiro: Forense, 2020. p. 34.

[92] DA SILVA, Paulo Eduardo. Resolução de disputas: métodos adequados para resultados possíveis e métodos possíveis para resultados adequados. *In*: SALLES, Carlos Alberto de; LORENCINI, Marco Antônio Garcia Lopes (coord.). **Negociação, mediação, conciliação e**

conflito podem não assumir uma postura colaborativa e pró-acordo diante de um terceiro que, sabe-se de antemão, julgará a causa".[93]

Esse tema retornará no capítulo dois, ao serem abordados os casos em que ANP já atuou na solução de conflitos.

Não obstante os esforços da última década, o processo de mudança cultural a ajuste dos incentivos é longo. Natália Vilar, que empregou em sua dissertação o "procedimento de observação participante, diante do envolvimento e da identificação da autora com a problemática enfrentada"[94], na condição de Advogada Geral da União, faz um alerta em primeira mão sobre a cultura que ainda persiste na Advocacia Pública, ator relevante nos setores regulados, como o gás:

> O sistema de incentivos e a cultura organizacional e institucional da Advocacia Pública adota o litígio judicial como padrão de atuação, além de valorizar indicadores quantitativos de produção relacionados à litigiosidade. O próprio Estado brasileiro não se estruturou adequadamente para atuar conforme a política nacional por ele mesmo formulada, prevista, inclusive, no estatuto processual, que anuncia a promoção da solução consensual dos conflitos, da negociação e da cooperação. Persiste, assim, a cultura do litígio na Advocacia Pública.
>
> Em virtude dessa cultura da judicialização nas práticas envolvidas no âmbito da Administração Pública e diante da ausência de respaldo institucional, os advogados públicos adotam um comportamento defensivo e litigioso. As posturas individuais dos advogados públicos são incapazes de reverter essa situação, e cabe às organizações assegurar um ambiente propício para a implementação de um projeto de reformatação institucional. O ambiente

arbitragem: curso de métodos adequados de solução de controvérsias. 3. ed. Rio de Janeiro: Forense, 2020. p. 35.

[93] DA SILVA, Paulo Eduardo. Resolução de disputas: métodos adequados para resultados possíveis e métodos possíveis para resultados adequados. *In*: SALLES, Carlos Alberto de; LORENCINI, Marco Antônio Garcia Lopes (coord.). **Negociação, mediação, conciliação e arbitragem**: curso de métodos adequados de solução de controvérsias. 3. ed. Rio de Janeiro: Forense, 2020. p. 35.

[94] VILAR, Natália Ribeiro Machado. **Comportamento litigioso como a neurociência, a psicologia e a economia explicam o excesso de processos no Brasil**: uma análise da hiperlitigiosidade brasileira que leva em conta o real comportamento humano e o sistema de incentivos dos atores processuais. Indaiatuba: Editora Foco, 2021. p. xv.

> institucional e o modelo organizacional do Poder Público e da Advocacia Pública são fundamentais, enquanto sistema de incentivos, para transformar, estimular e direcionar as reações comportamentais dos advogados públicos, a fim de diminuir o excesso de litigiosidade.[95]

Não podem ser descartadas também as preocupações com responsabilização pessoal em caso de acordos ou da desistência de ações ou recursos com chances remotas de êxito, considerando que decisões nesse sentido poderão ser objeto de análise dos órgãos de controle e que há o risco desses órgãos adotarem seus próprios critérios nessa avaliação.

Os dados reforçam a constatação de que não bastam os esforços atuais no sentido de promover acordos, inclusive com a obrigatoriedade da realização de audiência prévia de conciliação e mediação a partir da vigência do novo CPC. O relatório Justiça em números 2022 indica que "em quatro anos o número de sentenças homologatórias de acordo cresceu em apenas 4,2%, passando de 2.987.623 sentenças homologatórias de acordo no ano de 2015 para 3.114.462 em 2021"[96]. Cabe destacar que o relatório atribui a redução em 2020 à pandemia da covid-19, e dificuldades na realização de audiências presenciais.

Ainda que essas estatísticas possam ser indicativas, é importante alertar que disputas que não chegam ao Judiciário, por terem sido resolvidas diretamente pelas partes anteriormente, não entram nos dados compilados e divulgados pelo CNJ.

1.4. Mecanismos alternativos ou adequados de solução de controvérsias

Enquanto os comentários acima a respeito do sistema multiportas são relacionados a disputas que chegam ao Judiciário e lá são redirecionadas para Centros Judiciários de Solução de Conflitos e Cidadania (Cejuscs) e

[95] VILAR, Natália Ribeiro Machado. **Comportamento litigioso como a neurociência, a psicologia e a economia explicam o excesso de processos no Brasil**: uma análise da hiperlitigiosidade brasileira que leva em conta o real comportamento humano e o sistema de incentivos dos atores processuais. Indaiatuba: Editora Foco, 2021. p. 139.

[96] BRASIL. **Justiça em números 2022: ano-base 2021**. Brasília: CNJ, 2022. Disponível em: https://www.cnj.jus.br/wp-content/uploads/2022/09/justica-em-numeros-2022-1.pdf. Acesso em: 29 out. 2022. p. 201-202.

Núcleos Permanentes de Métodos Consensuais de Solução de Conflitos (Nupemec), muitos outros conflitos são resolvidos diretamente pelas partes em processos de negociação direta[97] ou por meio de conciliação ou mediação privada, sem acionamento do Poder Judiciário, assim como decididos por meio de arbitragem comercial.

A utilização de mecanismos alternativos ou adequados de solução de controvérsias antecede bastante a incorporação desses meios ao sistema de justiça com base na Resolução nº 125 e o CPC. A Constituição do Império de 1824 e o Código Comercial de 1950 já tratavam da arbitragem e de mecanismos de conciliação, como apontado por Carlos Augusto da Silveira Lobo[98] e Kazuo Watanabe[99].

Muito tempo já se passou também desde que o conceito de métodos alternativos de resolução de controvérsias (*Alternative Dispute Resolution*, ou ADR) foi utilizado por Frank Sander, Professor da Harvard Law School, em seu discurso na *Pound Conference* de 1976, como registrado por Fux e Bodart.[100]

[97] Juliana Demarchi esclarece que "o processo técnico da negociação, embora pareça banal, implica uma mudança de atitude de todos os envolvidos, que se desvencilham de suas posições para discutir seus reais interesses, gerando o que se chama de acordo "ganha-ganha", pois se busca uma solução por meio da qual ambas as partes saiam satisfeitas, obtendo-se um ato de composição que não implique, necessariamente, 'renúncia' a direitos (esquema conceitual clássico da transação), mas verdadeira composição de interesses." (DEMARCHI, Juliana. Técnicas de conciliação e mediação. *In*: GRINOVER, Ada Pellegrini; WATANABE, Kazuo; LAGRASTA NETO, Caetano (Coord.). **Mediação e gerenciamento do processo:** revolução na prestação jurisdicional: guia prático para a instalação do setor de conciliação e mediação. 3. reimpr. São Paulo : Atlas, 2013. p. 54).

[98] SILVEIRA LOBO, Carlos Augusto da. **História e perspectivas da arbitragem no Brasil.** *In*: Revista de arbitragem e mediação: vol. 13, n. 50 (jul./set. 2016). São Paulo: Instituto dos Advogados de São Paulo (IASP), 2016. Disponível em: http://www.mpsp.mp.br/portal/page/portal/documentacao_e_divulgacao/doc_biblioteca/bibli_servicos_produtos/bibli_boletim/bibli_bol_2006/RArbMed_n.50.06.PDF. Acesso em: 29 out. 2022.

[99] WATANABE, Kazuo. A Mentalidade e os Meios Alternativos de Solução de Conflitos no Brasil. *In*: GRINOVER, Ada Pellegrini; WATANABE, Kazuo; LAGRASTA NETO, Caetano (Coord.). **Mediação e gerenciamento do processo:** revolução na prestação jurisdicional: guia prático para a instalação do setor de conciliação e mediação. 3. reimpr. São Paulo: Atlas, 2013. p. 7.

[100] FUX, Luiz; BODART, Bruno. **Processo civil e análise econômica**. 2. ed. Rio de Janeiro: Forense, 2021.p. 51.

Segundo Marcio Ferreira, "o propósito de Frank Sander era permitir uma escolha devidamente informada e assistida, do método mais adequado para a solução de uma determinada disputa."[101]

O caráter peculiar de cada conflito é também mencionado por Marco Antônio Lorencini, para quem "é natural que a solução dos conflitos ocorra por meio de métodos diferentes, respeitando as peculiaridades das partes, do tema em disputa e outras circunstâncias que não cabem na resposta única da solução adjudicada dada pelo Poder Judiciário".[102]

No mesmo sentido, Mariângela Faleiro, Clayton Resende e Juliano Veiga, mencionam que esse sistema de múltiplas portas mencionado por Frank Sander visa "orientar os litigantes sobre os diferentes mecanismos de tratamento do conflito, sugerindo a 'porta' mais pertinente e adequada para a demanda apresentada".[103]

A respeito das ADRs, Paulo da Silva reafirma que "o acrônimo 'ADR' representaria então '*appropriate*' ou '*adequate dispute resolution method*' e o julgamento estatal seria ele próprio a 'alternativa', o método 'subsidiário'". [104] No mesmo sentido, Marco Antônio Lorencini afirma que "é inegável que em sua raiz o direito brasileiro filia-se à visão de alguns cientistas europeus, segundo a qual a solução via Poder Judiciário é alternativa"[105].

[101] FERREIRA, Marcio Vieira Souto Costa. Princípios fundamentais do processo e a legitimidade do sistema de justiça multiportas. *In*: FUX, Luiz; ÁVILA, Henrique; CABRAL, Trícia Navarro Xavier (Coord.). **Tecnologia e justiça multiportas**. Indaiatuba, SP: Editora Foco, 2021. p. 469.

[102] LORENCINI, Marco Antônio Garcia Lopes. "Sistema multiportas": opções para tratamento de conflitos de forma adequada. *In*: SALLES, Carlos Alberto de; LORENCINI, Marco Antônio Garcia Lopes (coord.). **Negociação, mediação, conciliação e arbitragem**: curso de métodos adequados de solução de controvérsias. 3. ed. Rio de Janeiro: Forense, 2020. p. 42.

[103] FALEIRO, Mariângela Meyer; RESENDE, Clayton Rosa de; VEIGA, Juliano Carneiro. *In*: FUX, Luiz; ÁVILA, Henrique; CABRAL, Trícia Navarro Xavier (Coord.). **Tecnologia e justiça multiportas.** Indaiatuba, SP: Editora Foco, 2021. p. 287.

[104] DA SILVA, Paulo Eduardo. Resolução de disputas: métodos adequados para resultados possíveis e métodos possíveis para resultados adequados. *In*: SALLES, Carlos Alberto de; LORENCINI, Marco Antônio Garcia Lopes (coord.). **Negociação, mediação, conciliação e arbitragem**: curso de métodos adequados de solução de controvérsias. 3. ed. Rio de Janeiro: Forense, 2020. p. 25.

[105] LORENCINI, Marco Antônio Garcia Lopes. "Sistema multiportas": opções para tratamento de conflitos de forma adequada. *In*: SALLES, Carlos Alberto de; LORENCINI, Marco Antônio

Embora tenha reconhecido algum avanço na área de arbitragem após a Lei no 9.307, de 1996, Kazuo Watanabe afirma que "o grande obstáculo, no Brasil, à utilização mais intensa da conciliação, da mediação e de outros meios alternativos de resolução de conflitos, está na formação acadêmica dos nossos operadores de Direito."[106] Com as iniciativas tomadas pelo Poder Judiciário, incluindo o CNJ, o autor afirma que "a atual cultura da sentença será, com toda a certeza, paulatinamente substituída pela cultura da pacificação."[107]

Tendo em vista as hipóteses que orientam o presente trabalho e a pesquisa sobre a atuação das agências reguladoras no emprego de métodos adequados de resolução de controvérsias, é preciso discutir as características dos principais métodos e sua aplicabilidade aos diferentes tipos de conflito.[108]

1.4.1. Características e indicações da conciliação ou da mediação

Howard Raiffa registra que há conflitos que estão tão aquecidos que a troca de informação é prejudicada ou, quando ocorre, resulta em troca de

Garcia Lopes (coord.). **Negociação, mediação, conciliação e arbitragem**: curso de métodos adequados de solução de controvérsias. 3. ed. Rio de Janeiro: Forense, 2020. p. 43.

[106] WATANABE, Kazuo. A Mentalidade e os Meios Alternativos de Solução de Conflitos no Brasil. *In*: GRINOVER, Ada Pellegrini; WATANABE, Kazuo; LAGRASTA NETO, Caetano (Coord.). **Mediação e gerenciamento do processo:** revolução na prestação jurisdicional: guia prático para a instalação do setor de conciliação e mediação. 3. reimpr. São Paulo: Atlas, 2013. p. 6.

[107] WATANABE, Kazuo. A Mentalidade e os Meios Alternativos de Solução de Conflitos no Brasil. *In*: GRINOVER, Ada Pellegrini; WATANABE, Kazuo; LAGRASTA NETO, Caetano (Coord.). **Mediação e gerenciamento do processo:** revolução na prestação jurisdicional: guia prático para a instalação do setor de conciliação e mediação. 3. reimpr. São Paulo: Atlas, 2013. p. 10.

[108] Odete Medauar registra que "no direito brasileiro os mecanismos de solução consensual de litígios envolvendo a Administração vêm recebendo o nome de *meios alternativos de solução de litígios*. Aqui a palavra *alternativos* se coloca em referência ao que seria o meio tradicional ou comum, que é a via jurisdicional. Também são invocados sob o título de *mecanismos privados de solução de conflitos*, em virtude do seu clássico emprego nas disputas envolvendo particulares, visando a busca de solução fora do campo judicial. [...] Na visão contemporânea do Direito Administrativo, a preferência recai sobre a expressão *meios consensuais de solução de conflitos*, ante a ideia mais ampla de *Administração consensual*, da *consensualidade* na Administração Pública [...]." (MEDAUAR, Odete. **O direito administrativo em evolução**. 3 ed. Brasília, DF: Gazeta Jurídica, 2017. p. 356.)

farpas. Nesses casos, um intermediário pode ajudar de alguma forma.[109] O autor sintetizou debate realizado a respeito dos papeis que podem ser exercidos por esse intermediário (Tabela 1, ao final deste trabalho), e algumas barreiras para a intermediação (Tabela 2).[110]

De acordo com Paulo da Silva, "o CPC acabou com longa discussão sobre a diferença entre mediação e conciliação".[111]

A primeira distinção que se observa na leitura do art. 165 do CPC diz respeito à existência ou não de vínculo anterior entre as partes. Assim, enquanto o conciliador atuará preferencialmente quando não houver o vínculo, o mediador atuará preferencialmente nos casos em que houver esse vínculo anterior. Em segundo lugar, enquanto o conciliador poderá "sugerir soluções para o litígio, sendo vedada a utilização de qualquer tipo de constrangimento ou intimidação para que as partes conciliem", o mediador "auxiliará aos interessados a compreender as questões e os interesses em conflito, de modo que eles possam, pelo restabelecimento da comunicação, identificar, por si próprios, soluções consensuais que gerem benefícios mútuos."

Ambos são mecanismos de autocomposição assistida dos conflitos, na medida que caberá às partes, e não a um terceiro, a solução do conflito. Nesse sentido, pressupõem acordo entre as partes. Como já discutido, faz-se necessária redução da assimetria de informações, alinhamento de interesses, confiança entre as partes (ou ausência de demonização) e no terceiro, que não poderá ser percebido por qualquer das partes como alguém que penderá para um dos lados da controvérsia.

Nesse sentido, o CPC estabelece (art. 166) que a conciliação e a mediação são informadas pelos princípios da independência, da imparcialidade, da

[109] RAIFFA, Howard. Analytical Barriers. *In*: ARROW, Kenneth; MNOOKIN, Robert; ROSS, Lee; TVERSKY, AMOS; WILSON, Robert (ed.). **Barriers to Conflict Resolution**. New York: W.W. Norton & Company, 1995. p. 142.

[110] RAIFFA, Howard. Analytical Barriers. *In*: ARROW, Kenneth; MNOOKIN, Robert; ROSS, Lee; TVERSKY, AMOS; WILSON, Robert (ed.). **Barriers to Conflict Resolution**. New York: W.W. Norton & Company, 1995. p. 143 e 144.

[111] DA SILVA, Paulo Eduardo. Resolução de disputas: métodos adequados para resultados possíveis e métodos possíveis para resultados adequados. *In*: SALLES, Carlos Alberto de; LORENCINI, Marco Antônio Garcia Lopes (coord.). **Negociação, mediação, conciliação e arbitragem**: curso de métodos adequados de solução de controvérsias. 3. ed. Rio de Janeiro: Forense, 2020. p. 23.

autonomia da vontade, da confidencialidade, da oralidade, da informalidade e da decisão informada, sendo que a confidencialidade se estende a todas as informações produzidas no curso do procedimento, cujo teor não poderá ser utilizado para fim diverso daquele previsto por expressa deliberação das partes.

A confidencialidade tem um papel fundamental ao proporcionar às partes um ambiente seguro para que manifestem suas opiniões e eventuais propostas de acordo. Independência e imparcialidade do conciliador ou mediador são também essenciais para o estabelecimento da confiança no terceiro, para que o fluxo de informações e a exploração de possíveis soluções possa ocorrer. Sem independência, imparcialidade e confidencialidade, cada parte poderia ser incentivada a entrincheirar-se e a adotar um comportamento estratégico no sentido de obter o máximo de informações da outra em preparação para a batalha nos tribunais, condenando desde o início a conciliação ou mediação ao fracasso.[112]

Esses princípios e requisitos estão também expressamente contidos na Lei de Mediação (Lei nº 13.140, de 26 de junho de 2015)[113], que define como mediação "a atividade técnica exercida por terceiro imparcial sem poder decisório, que, escolhido ou aceito pelas partes, as auxilia e estimula a identificar ou desenvolver soluções consensuais para a controvérsia."

[112] Vale conferir comentários sobre a experiência na FERC, nos Estados Unidos da América: "*in addition to ethical considerations and safeguards, some agencies may institute further safeguards to buttress the integrity of the dispute resolution system. At FERC, one such institutional safeguard is segregation of functions. In 1984, former acting FERC General Counsel Stephen R. Melton described [...] separation of functions is an administrative law doctrine that has as its purpose the protection of the independence and objectivity of the administrative-adjudicative function by restricting agency personnel with inconsistent functions, such as prosecution, investigation, or advocacy, from advising decision makers.*" (MCCARTHY GALLAGHER, Deirdre; MILES, Richard L.; PURDY, Jerrilynne. **Alternative dispute resolution in the regulatory process**. East Lansing: Michigan State University Press, 2020. p. 36)

[113] BRASIL. **Lei nº 13.140, de 26 de junho de 2015**. Dispõe sobre a mediação entre particulares como meio de solução de controvérsias e sobre a autocomposição de conflitos no âmbito da administração pública; altera a Lei nº 9.469, de 10 de julho de 1997, e o Decreto nº 70.235, de 6 de março de 1972; e revoga o § 2º do art. 6º da Lei nº 9.469, de 10 de julho de 1997. Brasília, DF: Presidência da República, 2015. Disponível em: http://www.planalto.gov.br/ccivil_03/_ato2015-2018/2015/lei/l13140.htm. Acesso em: 29 maio 2022.

A Lei de Mediação (art. 2º) reproduz e expande os princípios que devem orientar a mediação: (i) imparcialidade do mediador; (ii) isonomia entre as partes; (iii) oralidade; (iv) informalidade; (v) autonomia da vontade das partes; (vi) busca do consenso; (vii) confidencialidade; (viii) boa-fé.

Importante notar a vedação de que mediador atue como árbitro ou funcione como testemunha em processos judiciais ou arbitrais pertinentes a conflito em que tenha atuado como mediador.

Toda e qualquer informação relativa ao procedimento de mediação será confidencial em relação a terceiros, não podendo ser revelada sequer em processo arbitral ou judicial salvo se as partes expressamente decidirem de forma diversa ou quando sua divulgação for exigida por lei ou necessária para cumprimento de acordo obtido pela mediação.

Com maior amplitude do que a arbitragem, a mediação poderá ter como objeto conflito que verse sobre direitos disponíveis ou sobre direitos indisponíveis que admitam transação, podendo versar sobre todo o conflito ou parte dele. Dessa forma, a mediação poderá servir também para reduzir o escopo de eventual conflito que seja levado ao Judiciário ou à arbitragem.

No que diz respeito a conflitos em setores regulados, deve-se notar a previsão na Lei de Mediação de que os órgãos e entidades da administração pública poderão criar câmaras para a resolução de conflitos entre particulares, que versem sobre atividades por eles reguladas ou supervisionadas. Como será visto no capítulo dois, algumas leis setoriais já estabelecem competência para agências reguladoras na solução de conflitos há bastante tempo, sem que houvesse, todavia, um marco legal mais adequado para esses mecanismos.

Como discutido anteriormente, nem sempre a conciliação ou a mediação será possível. Há, inclusive, quem defenda que não seria nem mesmo desejável.

Nesse sentido, Owen Fiss afirma em seu texto *Against Settlement*, que o acordo "é mais uma trégua do que uma reconciliação verdadeira, mas parece preferível à decisão porque baseia-se no consentimento de ambas as partes e evita o custo de um longo julgamento". E diz mais:

> Os que advogam pelas ADR são levados a apoiar essas medidas e a exaltar a ideia do acordo de forma mais geral porque veem a decisão como um processo

para resolver disputas. [...] A meu ver, todavia, essa visão da decisão e a defesa do acordo baseiam-se em premissas equivocadas. Não acredito que o acordo como uma prática geral seja preferível à decisão ou deveria ser institucionalizado no atacado e de forma indiscriminada. Pelo contrário, deveria ser tratado como uma técnica altamente problemática por agilizar o processo. O acordo é, para mim, o análogo civil à transação penal: consentimento é frequentemente coagido; a transação pode ser confirmada por quem não tem competência; a falta de um julgamento e da decisão torna problemático o envolvimento judicial posterior; e, embora o processo seja reduzido, justiça pode não ser feita. Como a transação penal, o acordo é a capitulação às condições da sociedade de massa e não deveria ser nem encorajada nem elogiada.[114]

Esse entendimento, ainda que dotado de elementos relevantes, não parece ser majoritário. De qualquer modo, a decisão das partes em negociar um acordo pode sofrer diversos ruídos, incluindo assimetria de informações e excesso de confiança em obterem resultado que lhes seja mais favorável, a externalização dos custos do litígio em razão da limitação de custas no caso de demandas de elevado valor, a demonização da outra parte, a necessidade de satisfação do sentimento de justiça a qualquer custo, postura reativa com desvalorização das propostas de acordo ou concessões pela outra parte, aparente dissonância entre os interesses das partes, entre outras.[115]

[114] No original, "*the advocates of ADR are led to support such measures and to exalt the idea of settlement more generally because they view adjudication as a process to resolve dispute. [...] In my view, however, this account of adjudication and the case for settlement rest on questionable premises. I do not believe that settlement as a general practice is preferable to judgment or should be institutionalized on a wholesale and indiscriminate basis. It should be treated instead as a highly problematic technique for streamlining dockets. Settlement is for me the civil analogue to plea bargaining: Consent is often coerced; the bargain may be struck by someone without authority; the absence of a trial and judgment renders subsequent judicial involvement troublesome; and although dockets are trimmed, justice may not be done. Like plea bargaining, settlement is a capitulation to the conditions of mass society and should be neither encouraged nor praised.*" (RISKIN, Leonard L.; WESTBROOK, James E.; GUTHRIE, Chris; HEINSZ, Timothy J.; REUBEN, Richard C.; ROBBENNOLT, Jennifer K. **Dispute Resolution and Lawyers**. 3. ed. Minnesota: Thomson West Publishing, 2005. p. 21.)

[115] MNOOKIN, Robert; ROSS, Lee. Introduction. *In*: ARROW, Kenneth; MNOOKIN, Robert; ROSS, Lee; TVERSKY, AMOS; WILSON, Robert (ed.). **Barriers to Conflict Resolution**. New York: W.W. Norton & Company, 1995. p. 10-19.

A própria escolha dos advogados pode influenciar essa decisão, por diversos motivos. Há advogados com perfil mais cooperativo e outros com perfil menos cooperativo (também conhecidos como gladiadores). Além disso, a forma de cobrança dos honorários, a preocupação com reputação e o conflito de agência podem também influenciar na sua atuação.[116]

Por tudo, percebe-se que não obstante a presença de princípios e requisitos relevantes na legislação com o objetivo de induzir as partes à solução amigável dos conflitos, diversos aspectos podem impactar essa decisão em cada caso específico. Em suma, é importante que as partes, e seus assessores, tenham capacidade de analisar a situação de forma plenamente consciente de todos esses aspectos para que possam tomar uma decisão devidamente informada (nos limites da racionalidade limitada), seja no sentido de negociar ou de litigar, conforme os seus reais interesses, objetivos, riscos e recompensas esperadas com essa decisão.

É preciso lembrar as perguntas que as partes devem se fazer, segundo Mnookin: (i) quais os seus interesses e quais os interesses da outra parte, (ii) quais as alternativas à negociação para as duas partes, (iii) se há um ou mais acordos que possam melhor satisfazer os interesses das partes e suas respectivas alternativas, (iv) qual o custo da negociação e os recursos tangíveis que podem ser necessários, como dinheiro e tempo da equipe, se a reputação será afetada e se a negociação poderia resultar em um precedente ruim; e, por fim, (v) caso as partes cheguem a um acordo, se é razoável esperar que será cumprido, se é possível confiar na outra parte.[117]

[116] GILSON, Ronald J., MNOOKIN, Robert. Cooperation and Competition in Litigation: Can Lawyers Dampen Conflict? *In*: ARROW, Kenneth; MNOOKIN, Robert; ROSS, Lee; TVERSKY, AMOS; WILSON, Robert (ed.). **Barriers to Conflict Resolution**. New York: W.W. Norton & Company, 1995. p. 192-202; FUX, Luiz; BODART, Bruno. **Processo civil e análise econômica**. 2. ed. Rio de Janeiro: Forense, 2021. p. 69, 73.

[117] MNOOKIN, Robert. **Bargaining with the devil**: when to negotiate, when to fight. New York: Simon & Schuster, 2010. p. 27-28, 262.

Embora existam outros métodos autocompositivos, como avaliação de terceiro neutro[118] e *mini-trial*[119], o foco deste trabalho não será expandido para esses métodos em razão de não estarem previstos expressamente na legislação aplicável aos setores regulados, ainda que possam ser utilizados conforme venha a ser acordado pelas partes com base na autonomia da vontade.[120]

[118] Marco Lorencini esclarece que "na realidade norte-americana, a avaliação do terceiro neutro é um método de resolução de disputas na qual uma pessoa, que não o julgador, depois de analisar o caso, pode, além de ter acesso a documentos, entrevistar as partes, seus advogados, colher elementos de convencimento, para em seguida emitir seu parecer fundamentado. Essa decisão é oral e normalmente não vincula as partes. Com isso, não raras vezes, o terceiro neutro auxilia em uma mediação ou conciliação em um tribunal, razão pela qual não é considerada uma técnica isolada, já que o parecer emitido por ele é ponto de partida para que as partes se componham. Esse método é indicado principalmente nos casos em que grassa forte polêmica em torno de um elemento de prova ou, ainda, quando uma das partes tem uma expectativa exagerada de sua posição na disputa." (LORENCINI, Marco Antônio Garcia Lopes. "Sistema multiportas": opções para tratamento de conflitos de forma adequada. *In*: SALLES, Carlos Alberto de; LORENCINI, Marco Antônio Garcia Lopes (coord.). **Negociação, mediação, conciliação e arbitragem**: curso de métodos adequados de solução de controvérsias. 3. ed. Rio de Janeiro: Forense, 2020. p. 49)

[119] Em relação ao *minitrial*, Marco Lorencini indica que "se a utilização do terceiro neutro tem razão de ser no âmbito de um tribunal, o *minitrial* tem origem privada e reproduz um julgamento. A exemplo da avaliação de um terceiro neutro, essa modalidade também serve de técnica auxiliar na mediação. Foi criado em 1977 para casos envolvendo disputas de marcas e patentes, mas logo se espraiou sua utilização para controvérsias comerciais e matérias envolvendo o Poder Público (indenizações, construção civil e também antitruste). Geralmente, seu funcionamento e procedimento são previamente definidos em contrato, inclusive quanto à confidencialidade e a utilização das informações colhidas ao longo do processo, caso as partes recorram ao Poder Judiciário depois que o minitrial fracassar. Tenta-se reproduzir o *trial* judicial, porém sem a tensão que uma disputa no tribunal envolve, já que as decisões não são vinculantes nem o terceiro neutro que preside os trabalhos tem poderes de coerção. [...] O procedimento de minitrial é voltado para que no final as partes se componham." (LORENCINI, Marco Antônio Garcia Lopes. "Sistema multiportas": opções para tratamento de conflitos de forma adequada. *In*: SALLES, Carlos Alberto de; LORENCINI, Marco Antônio Garcia Lopes (coord.). **Negociação, mediação, conciliação e arbitragem**: curso de métodos adequados de solução de controvérsias. 3. ed. Rio de Janeiro: Forense, 2020. p. 49-50)

[120] Para mais informações, ver SALLES, Carlos Alberto, LORENCINI, Marco Antonio Garcia Lopes, SILVA, Paulo Eduardo Alves (Coord.). **Negociação, mediação, conciliação e arbitragem:** curso de métodos adequados de solução de controvérsias. 3. ed. Rio de Janeiro: Forense, 2020.

Afinal, as legitimidades do mediador e do conciliador, assim como do próprio procedimento de conciliação ou mediação, derivam da vontade das partes ao se submeterem ao processo de mediação ou conciliação, e com base na escolha ou aceitação da pessoa que atuará na condição de intermediário na conciliação ou na mediação.

Quanto às indicações ou qualidades da conciliação e da mediação, tratando-se de métodos autocompositivos em que o acordo dependerá da vontade das partes, o resultado da mediação ou conciliação pressupõe satisfação das partes, sem que ocorra imposição de uma decisão de terceiro (caso da arbitragem e do judiciário), sendo mais provável a capacidade de preservação da sua relação em negócios existentes e futuros. Dessa forma, pode-se considerar que a mediação será indicada nos casos em que as partes possuem relação não apenas pregressa à controvérsia, conforme a distinção do CPC em relação à conciliação, mas ainda mais naqueles em que a relação das partes necessariamente, ou preferivelmente, deverá sobreviver ao conflito.

A informalidade do procedimento de mediação, aliada à autonomia das partes, oferece ainda oportunidades para soluções criativas, ainda que desviem do acordo original ou dos termos que regiam a relação pregressa, sendo possível às partes buscar maximização de valor em sua disputa.[121]

Como afirma Juliana Demarchi, "o conflito não é algo ontologicamente negativo; pode ser visto como uma oportunidade para reflexão sobre a relação da qual se originou, fazendo, de forma circular, com que se altere a própria relação."[122]

1.4.2. Características e indicações da arbitragem

A legitimidade dos árbitros e do procedimento arbitral também deriva da vontade das partes.

[121] Cf. GIUSTI, Gilberto; SILVEIRA LOBO, Marcello Portes da. **Cumprimento de contratos e resolução de controvérsias em tempos de COVID-19.** Disponível em: https://www.migalhas.com.br/depeso/324540/cumprimento-de-contratos-e-resolucao-de-controversias-em-tempos-de-covid-19. Acesso em: 4 set. 2022.

[122] DEMARCHI, Juliana. Técnicas de conciliação e mediação. *In*: GRINOVER, Ada Pellegrini; WATANABE, Kazuo; LAGRASTA NETO, Caetano (Coord.). **Mediação e gerenciamento do processo:** revolução na prestação jurisdicional: guia prático para a instalação do setor de conciliação e mediação. 3. reimpr. São Paulo: Atlas, 2013. p. 51.

Conforme estabelecido na Lei de Arbitragem, as partes interessadas podem submeter a solução de seus litígios que versem sobre direito patrimonial disponível ao juízo arbitral mediante convenção de arbitragem. Por esse motivo, nos contratos de adesão, a cláusula compromissória só terá eficácia se o aderente tomar a iniciativa de instituir a arbitragem ou concordar, expressamente, com a sua instituição, desde que por escrito em documento anexo ou em negrito, com a assinatura ou visto especialmente para essa cláusula.

Esse acordo das partes na cláusula compromissória é vinculante, de forma que, havendo resistência quanto à instituição da arbitragem, poderá a parte interessada requerer a citação da outra parte para comparecer em juízo a fim de lavrar-se o compromisso arbitral quando não houver acordo prévio sobre a forma de instituir a arbitragem. Verifica-se, portanto, o papel da justiça estatal, dotada do monopólio da força e do poder coercitivo, para fazer valer entre as partes o método acordado para a solução da controvérsia.

A lei estabelece que as partes nomearão os árbitros, sempre em número ímpar, e poderão, de comum acordo, estabelecer o processo de escolha dos árbitros, ou adotar as regras de um órgão arbitral institucional ou entidade especializada. As partes, também de comum acordo, poderão afastar a aplicação de dispositivo do regulamento do órgão arbitral institucional ou entidade especializada que limite a escolha do árbitro único, coárbitro ou presidente do tribunal à respectiva lista de árbitros, autorizado o controle da escolha pelos órgãos competentes da instituição, sendo que, nos casos de impasse e arbitragem multiparte, deverá ser observado o que dispuser o regulamento aplicável.

É possível observar, assim, a prevalência da autonomia da vontade das partes.[123]

Da mesma forma que o mediador ou o conciliador, o árbitro está sujeito a princípios e deveres em sua atuação, devendo proceder com

[123] *"Among the possible advantages of adjudication which derives its power from a contract of the parties are the following: (1) Being unbacked by state power (or insufficiently backed by it in the case of an ineffective legal sanction), the arbitrator must concern himself directly with the acceptability of his award. He may be at greater pains than a judge to get his facts straight, to state accurately the arguments of the parties, and generally to display in his award a full understanding of the case. [...]."* (FULLER, Lon L.; WINSTON, Kenneth I. **The Forms and Limits of Adjudication**. Harvard Law Review, v. 92, n. 2, 1978. p. 393. Disponível em: https://doi.org/10.2307/1340368. Acesso em: 26 nov. 2022.)

imparcialidade, independência, competência, diligência e discrição no desempenho de sua função.

Ao contrário da mediação, a regra na arbitragem não é a confidencialidade, que dependerá da vontade das partes.

O tema da confidencialidade, inclusive, tem sido objeto de discussões. Não apenas no que diz respeito a arbitragens envolvendo a administração pública[124] e em medidas judiciais preparatórias para arbitragens[125], tendo em vista o princípio da publicidade aplicável para os atos da administração e para processos judiciais, em regra, como também no caso de disputas comerciais, sob o argumento de que não se estabelece uma jurisprudência sobre os temas discutidos em arbitragem.

Para fins deste trabalho, a aplicação da confidencialidade em arbitragens envolvendo a administração pública é relevante, uma vez que, observada a legislação aplicável e o contrato de concessão ou outro que regule a atividade, poderá haver arbitragem envolvendo as agências reguladoras ou o próprio poder concedente em setores regulados. O assunto voltará no capítulo dois.

Da mesma forma, sem que se concorde com qualquer interferência à autonomia das partes em sujeitar arbitragem sobre suas controvérsias a sigilo, os efeitos desse sigilo serão também discutidos mais à frente, especialmente no caso de conflitos que envolvam agentes econômicos em setores regulados.[126]

[124] A esse respeito, conferir BARROS, Octávio Fragata M. de; SAMPAIO, Patrícia Regina Pinheiro. Arbitragem em questões regulatórias: possibilidades, limites e critérios para a efetivação do princípio da publicidade. *In*: FONSECA, Reynaldo Soares da; COSTA, Daniel Castro Gomes da (Coord.). **Direito regulatório**: desafios e perspectivas para a Administração Pública. Belo Horizonte: Fórum, 2020. p. 307-323.

[125] A respeito da confidencialidade em processos judiciais relacionados à arbitragem, ver NUNES, Thiago Marinho. **Revisitando a confidencialidade na arbitragem**. Disponível em: https://www.migalhas.com.br/coluna/arbitragem-legal/344369/revisitando-a-confidencialidade-na-arbitragem. Acesso em: 15 out. 2022.

[126] No caso de companhias abertas, aplicável a vários agentes relevantes dos setores regulados, inclusive o setor de gás, é preciso observar o disposto no Anexo I à Resolução 80, de 29 de março de 2022, emitida pela Comissão de Valores Mobiliários no que diz respeito à divulgação de informações sobre demandas societárias, definidas como todo processo judicial ou arbitral cujos pedidos estejam, no todo ou em parte, baseados em legislação societária ou do mercado de valores mobiliários, ou nas normas editadas pela CVM.

Diferentemente do processo judicial, a sentença que o árbitro proferir não fica sujeita a recurso ou a homologação pelo Poder Judiciário[127], exceto no caso de sentença arbitral estrangeira, que depende de homologação pelo STJ.[128]

Trata-se de uma das principais vantagens do procedimento arbitral, pois o prazo para se obter uma sentença arbitral definitiva, especialmente se proferida no Brasil, pode ser significativamente inferior quando comparado a processos judiciais sujeitos ao duplo grau de jurisdição, e a recursos adicionais dependendo da matéria.

Carlos Augusto da Silveira Lobo alerta, todavia, que tem sido prejudicada pela "burocracia excessiva, que se introduziu na prática do procedimento arbitral, sem que tivesse sido convidada pela lei ou pela teoria do processo."[129]

Por outro lado, a impossibilidade de recurso pode ser também motivo de resistência de algumas partes à arbitragem, com receio de não ser possível corrigir erros no julgamento pelos árbitros.[130] Um contraponto é a possibilidade de ter o conflito resolvido por mais de um árbitro (desde que em número ímpar), reduzindo-se, em tese, as chances de erros de julgamento.[131]

[127] Art. 8 da Lei de Arbitragem.

[128] Art. 961 do CPC.

[129] Complementa o autor que "como o apego à burocracia é fenômeno cultural, impõem-se conscientização e esforços conjuntos das câmaras, árbitros e advogados para afastá-la da arbitragem. É preciso evitar que alguns hábitos da burocracia inútil se arroguem a condição de padrões de qualidade. Cumpre diminuir a quantidade e a extensão das manifestações das partes; evitar repetições dos mesmos argumentos; simplificar os atos interlocutórios dos árbitros, que não carecem da solenidade própria do Poder Judiciário; renunciar à juntada de documentos de escassa pertinência à prova; reprimir a difusão de mensagens eletrônicas irrelevantes; estancar a pulverização de dezenas de cópias destinadas a advogados de um mesmo escritório; evitar a tendência, que se generaliza, de o sucumbente invariavelmente apresentar pedido de esclarecimentos de sentença clara e completa, repetindo argumentos já rejeitados. Tais hábitos daninhos tornam o procedimento arbitral mais trabalhoso, mais custoso e mais lerdo do que poderia e deveria ser na realidade. Acabarão por embaraçar o desenvolvimento da arbitragem." (SILVEIRA LOBO, Carlos Augusto da. **História e perspectivas da arbitragem no Brasil**. *In*: Revista de arbitragem e mediação: vol. 13, n. 50 (jul./set. 2016). São Paulo: Instituto dos Advogados de São Paulo (IASP), 2016.)

[130] Diferentemente de recurso, é permitido acesso ao Judiciário com o objetivo de pleitear a nulidade da sentença arbitral nos casos previstos na Lei de Arbitragem.

[131] Embora não seja possível prever se, e de que forma, será aprovado, é preciso mencionar brevemente a existência de projeto de lei que tem por objetivo alterar a Lei de Arbitragem,

Tratando-se de procedimento em que um terceiro define a controvérsia, é natural que as partes sejam consideradas vencedora e perdedora, resultando em irresignação pela parte perdedora com a decisão. Até mesmo em razão de eventual decisão salomônica, não integralmente baseada no direito, essa irresignação pode ocorrer, sendo um efeito negativo da arbitragem em comparação à conciliação ou à mediação, em que a solução é objeto de acordo entre as próprias partes. A própria natureza adversarial da arbitragem[132] também contribui para prejudicar a relação entre as partes, tornando difícil a continuidade dessa relação ou sua retomada após o litígio, ao contrário do que pode ocorrer no caso de conciliação ou mediação.[133]

estabelecendo novas regras, conceitos e requisitos para esse mecanismo de solução de controvérsia, tendo sido objeto de críticas da comunidade arbitral, incluindo a Comissão Permanente de Arbitragem e Mediação do Instituto dos Advogados Brasileiros. Na visão da referida Comissão, por todos, o projeto de lei propõe alterações implicando um retrocesso ao período anterior à edição da Lei de Arbitragem, com um arcabouço legal que poderá eliminar o instituto no Brasil. (IAB. **Parecer sobre Projeto de Lei nº 3.293/2021 ("PL") sobre alteração da Lei nº 9.307/96**. Rio de Janeiro: Instituto dos Advogados Brasileiros, 2022. Disponível em: https://www.migalhas.com.br/arquivos/2022/7/4E0DEC474B53E4_PareceArbitragem.pdf. Acesso em: 4 set. 2022.)

132 Para Ada Pellegrini Grinover, "*a arbitragem, instrumento de heterocomposição, embora apresente altos méritos, sendo mais adequada do que o processo para um determinado grupo de controvérsias, ainda é um método adversarial, em que a decisão é imposta às partes, não pelo juiz, mas pelo árbitro. Já a autocomposição, que abrange uma multiplicidade de instrumentos, constitui técnica que leva os detentores de conflitos a buscarem a solução conciliativa do litígio, funcionando o terceiro apenas como intermediário que ajuda as partes a se comporem. Por isso, os instrumentos que buscam a autocomposição não seguem a técnica adversarial.*" (GRINOVER, Ada. Os fundamentos da justiça conciliativa. *In*: GRINOVER, Ada Pellegrini; WATANABE, Kazuo; LAGRASTA NETO, Caetano (Coord.). **Mediação e gerenciamento do processo :** revolução na prestação jurisdicional : guia prático para a instalação do setor de conciliação e mediação. 3. reimpr. São Paulo : Atlas, 2013. p. 1).

133 Importante a ressalva de Juliana Demarchi, "que mesmo métodos não adversariais podem ensejar uma solução que não satisfaça plenamente aos interesses das partes se os mesmos apenas forem utilizados para evitar o desgaste da imposição da decisão por um terceiro (juiz ou árbitro). E isso porque há diferentes formas de se abordar o litígio que se pretende solucionar: de forma competitiva, transigindo com posições, numa típica barganha, ou de forma cooperativa, investigando interesses e procurando pontos de vantagem mútua para todos os envolvidos." (DEMARCHI, Juliana. Técnicas de conciliação e mediação. *In*: GRINOVER, Ada Pellegrini; WATANABE, Kazuo; LAGRASTA NETO, Caetano (Coord.). **Mediação e gerenciamento do processo** : revolução na prestação jurisdicional : guia prático para a instalação do setor de conciliação e mediação. 3. reimpr. São Paulo : Atlas, 2013. p. 50)

Em comparação ao processo judicial, além da irrecorribilidade da decisão, podendo representar menor prazo total do procedimento, a arbitragem traz flexibilidade relevante na escolha dos árbitros e, consequentemente, a composição de um painel multidisciplinar em termos de formação ou área de conhecimento ou atuação, não sendo um ou mais decisores com formação jurídica a única opção.[134]

Sem prejuízo das críticas acima, resumem Gustavo Schmitt e Luíza Bruxellas:

> a rapidez na solução do conflito, associada a julgamentos técnicos e mais especializados, traz maior previsibilidade às decisões, tanto no que diz respeito ao tempo necessário para se ter uma sentença final como em relação ao conteúdo do julgado e ao resultado da disputa. Nesse sentido, a via arbitral, como método de solução de litígios, seria comparativamente mais rápida, mais técnica e, por consequência, juridicamente mais segura do que o processo judicial, permitindo a entrega mais célere e qualificada da prestação jurisdicional.[135]

Dessa forma, a arbitragem pode ser indicada naqueles casos em que, não tendo sido possível prevenir o conflito por um dos meios autocompositivos, deva ser, por sua natureza, magnitude ou qualquer outra característica, resolvido por um ou mais terceiros que não tenham necessariamente formação jurídica e que também não estejam sujeitos às mesmas exigências do processo judicial, incluindo o duplo grau de jurisdição e a publicidade, como regra.

1.4.3. Características e indicações do Judiciário

Ao contrário dos mediadores, conciliadores e árbitros, a legitimidade dos juízes não deriva da vontade das partes, mas da própria Constituição

[134] Cf. GIUSTI, Gilberto; SILVEIRA LOBO, Marcello Portes da. **Cumprimento de contratos e resolução de controvérsias em tempos de COVID-19**. Disponível em: https://www.migalhas.com.br/depeso/324540/cumprimento-de-contratos-e-resolucao-de-controversias--em-tempos-de-covid-19. Acesso em: 4 set. 2022.

[135] SCHMIDT, Gustavo da Rocha; BRUXELLAS, Luíza Lucas. Arbitragem, contratos administrativos e custos de transação. *In*: PORTO, Antônio Maristrello; SEIXAS, Luiz Felipe Monteiro (Orgs.). **Perspectivas da análise econômica do direito no Brasil**. Rio de Janeiro: FGV Direito Rio, 2022. p. 270.

Federal, na medida que o Poder Judiciário é um dos poderes independentes e harmônicos do Estado[136], especificamente regulado pelo Título IV, Capítulo III da Constituição Federal.

De acordo com o art. 5º, inciso XXXV, "a lei não excluirá da apreciação do Poder Judiciário lesão ou ameaça a direito". Trata-se de direito e garantia individual, cláusula pétrea da Constituição Federal, já mencionada anteriormente.

As partes somente poderão afastar o juiz nos casos previstos no CPC, mais especificamente quando houver razão para suspeição ou impedimento, ou não for o juízo competente para julgar a matéria.

De acordo com o CPC (Art. 8º), ao aplicar o ordenamento jurídico, o juiz atenderá aos fins sociais e às exigências do bem comum, resguardando e promovendo a dignidade da pessoa humana e observando a proporcionalidade, a razoabilidade, a legalidade, a publicidade e a eficiência. Não obstante o árbitro ser considerado juiz de fato e de direito[137], essas obrigações não se estendem integralmente aos árbitros.

Enquanto a arbitragem poderá ser de direito ou de equidade, a critério das partes, exceto no caso de arbitragem que envolva a administração pública, que será sempre de direito e respeitará o princípio da publicidade[138], o juiz só decidirá por equidade nos casos previstos em lei.[139] Na arbitragem, as partes poderão, ainda, convencionar sua realização com base nos princípios gerais de direito, nos usos e costumes e nas regras internacionais de comércio.[140]

Um dos aspectos mais relevantes da jurisdição estatal e ao princípio da publicidade é a jurisprudência, conforme mencionado anteriormente. O CPC demonstra preocupação com o tema ao estabelecer (art. 926) que os tribunais devem uniformizar sua jurisprudência e mantê-la estável, íntegra e coerente. Wilson Pimentel afirma que "quanto maior a probabilidade

[136] Art. 2º São Poderes da União, independentes e harmônicos entre si, o Legislativo, o Executivo e o Judiciário.

[137] Art. 18 da Lei de Arbitragem.

[138] Art. 2 da Lei de Arbitragem.

[139] Art. 140 do CPC.

[140] Art. 2, parágrafo 2º da Lei de Arbitragem.

de as partes preverem o desfecho do processo, maior a possibilidade de chegarem a uma solução autocompositiva".[141]

Não se pode negar, portanto, o papel relevante do Judiciário na prevenção de novos conflitos ao indicar, ao menos em tese, à sociedade o caminho para a solução do litígio. Em nosso modelo, todavia, a jurisprudência não é vinculante, exceto poucas exceções, especialmente súmulas vinculantes, casos e recursos repetitivos e repercussão geral.

A depender do caso, a publicidade geralmente aplicável à via judicial pode também trazer benefícios ao autor ou ao réu de uma ação, pois permite divulgação da solução da controvérsia, seja com o objetivo (do autor ou seus advogados) de propagar a tese construída e aceita pelo Judiciário, seja com o objetivo do (réu) de desencorajar novas investidas contra si e novos custos de transação na defesa, naqueles casos em que o litígio poderia ser replicado por outros autores, sejam clientes, fornecedores ou outras partes com quem tenha relação. A publicidade, especula-se, pode também contribuir à necessidade de satisfação de justiça, uma vez que o resultado não fica confinado à sala de negociação ou audiência, ou aos termos da decisão ou do instrumento de transação confidencial, podendo ser divulgado e conhecido pelo público em geral.

Adicionalmente, a via judicial poderá ser mais aconselhável nos casos em que uma das partes é inadimplente contumaz, não sendo possível ter o mínimo de confiança necessária para, chegando-se a um acordo, acreditar no seu devido cumprimento. Nesse caso, poderá ter valor adicional a decisão judicial, especialmente quando acompanhada de medidas de constrição de direitos que dependam de força executiva e do poder de coerção inerente à jurisdição estatal.

Por outro lado, a relação das partes se deteriora com o processo adversarial, podendo não ser a via mais adequada naquelas situações em que haverá, necessária ou preferencialmente, continuidade dessa relação após a solução da controvérsia, seja ainda no mesmo negócio ou para a concretização de outros que interessem às partes. Havendo monopólio de fato ou posição dominante de mercado por uma das partes, como ainda se verifica no setor de gás, essa preocupação torna-se mais relevante.

[141] PIMENTEL, Wilson. Introdução à análise econômica da solução de disputas. *In*: PINHEIRO, Armando Castelar; PORTO; Antonio José Maristrello; PINHEIRO SAMPAIO, Patrícia Regina (coords.). **Direito e Economia**: diálogos II. Rio de Janeiro: FGV Editora, 2022. p. 159.

Por ser um procedimento em que a decisão de terceiro é imposta às partes, por meio de um processo formal e minuciosamente regulado pelo CPC, as partes costumam ser consideradas vencedora e perdedora, o que poderá resultar em insatisfação com a decisão e recursos às demais instâncias. Os recursos podem se dar, inclusive, durante o curso do processo, antes mesmo da decisão de cada instância, em razão das diversas decisões interlocutórias proferidas a respeito de preliminares, pedidos de produção de prova e diversas questões decididas pelo juízo.

Diante dessas breves reflexões, o processo judicial se caracteriza por um método de solução de controvérsias em que, em regra, caracteriza um jogo de soma zero, em que o ganho de uma parte representa perda da outra. Esse resultado ocorre também em razão de o processo judicial ser formal e oferecer pouco espaço para soluções criativas que desviem dos termos e condições apresentados ao juízo.[142]

Da mesma forma, não sendo possível escolher o decisor e sua área de conhecimento, a controvérsia será necessariamente resolvida por alguém com formação jurídica. Como afirmam Schmidt e Bruxellas, "na esfera do Poder Judiciário, o litígio é dirimido por um juiz concursado, igualmente imparcial, escolhido por sorteio, sem que necessariamente seja um *expert* na matéria em discussão".[143]

Percebe-se, assim, que o Judiciário, assim como a conciliação, a mediação e a arbitragem, poderá também representar um meio adequado de solução de controvérsias, e não deve ser demonizado ou descartado. Essa análise dependerá do caso concreto e dos objetivos das partes, sendo especialmente relevantes a publicidade (em regra), o estabelecimento de jurisprudência (com suas limitações no direito brasileiro), menor amplitude na atuação do juiz (que deverá limitar-se ao disposto em lei) e a possibilidade de recursos em caso de insatisfação com a decisão.

142 Cf. GIUSTI, Gilberto; SILVEIRA LOBO, Marcello Portes da. **Cumprimento de contratos e resolução de controvérsias em tempos de COVID-19.** Disponível em: https://www.migalhas.com.br/depeso/324540/cumprimento-de-contratos-e-resolucao-de-controversias--em-tempos-de-covid-19. Acesso em: 4 set. 2022.

143 SCHMIDT, Gustavo da Rocha; BRUXELLAS, Luíza Lucas. Arbitragem, contratos administrativos e custos de transação. *In*: PORTO, Antônio Maristrello; SEIXAS, Luiz Felipe Monteiro (Orgs.). **Perspectivas da análise econômica do direito no Brasil**. Rio de Janeiro: FGV Direito Rio, 2022. p. 268-269.

Não são simples as questões e os interesses envolvidos em cada situação de conflito. Assim, não há uma regra de ouro sobre qual a solução mais adequada. A regra de ouro é: depende. Depende da situação, depende dos interesses, depende dos objetivos das partes.

Como será visto a seguir, no caso de setores regulados, a complexidade é ainda maior, em razão da interdependência entre os agentes e dos efeitos que cada litígio pode ter à harmonia setorial, sendo aconselhável a exploração do papel que pode ser desempenhado pelas agências reguladoras.

2.
CONFLITOS EM SETORES REGULADOS

Ao contrário de negócios meramente bilaterais de mercados não regulados, em que o conflito entre partes diz respeito apenas às partes envolvidas, o conflito em setores complexos regulados, incluindo as chamadas indústrias de rede[144], pode impactar de forma relevante os demais agentes e contratos, gerando um efeito dominó.

[144] "Indústria de Rede constitui-se de atividades potencialmente competitivas e dependentes da utilização de redes de transporte e de distribuição, que configuram monopólios naturais." (ALMEIDA, Edmar; PRADE, Yanna; ALMEIDA, José Ricardo (Org.). **Flexibilidade na indústria de gás natural**: mecanismos e estratégias para apoiar a concorrência no mercado brasileiro. 1ª ed. Rio de Janeiro: Synergia, 2021. p. 2). Segundo Baldwin, Cave e Lodge, algumas indústrias, como a indústria de comunicações, energia, transporte e água são normalmente descritas como indústrias de rede (network industries) porque confiam em alguma forma de rede de distribuição física, tal como dutos de gás ou água, cabos de eletricidade ou telecomunicações, trilhos de trem. (BALDWIN, Robert; CAVE, Martin; LODGE, Martin. **Understanding Regulation**: Theory, Strategy, and Practice. 2a ed. Oxford [u.a]: Oxford University Press, 2012. p. 443.) O Centro Brasileiro de Infraestrutura afirma que "indústrias de rede são aquelas nas quais a geração de valor de sua operação é criada e compartilhada por todos os membros de uma rede, e não por empresas individuais, e que economias de escala derivam do tamanho da rede – não da empresa." (CBIE. **O que são indústrias de redes?** Disponível em: https://cbie.com.br/artigos/o-que-sao-industrias-de-redes/#:~:text=Ind%C3%BAstrias%20de%20rede%20s%C3%A3o%20aquelas,da%20rede%20%E2%80%93%20n%C3%A3o%20da%20empresa. Acesso em: 15 out. 2022.)

Conforme destacado por McCarthy Gallagher, as complexidades do setor e interdependências das relações[145] não parecem recomendar a via judicial para a solução desses conflitos.

Exemplo de litigância com efeitos sistêmicos indesejados e diversos agentes sendo afetados pela conduta de outros, é o setor elétrico nacional. A concessão de tutela antecipada em ações judiciais envolvendo contratos de compra e venda de energia acabam impactando todo o setor em razão das consequências na liquidação da comercialização de energia, que deixa de funcionar conforme originalmente pensado.

Confira-se o relato do Min. Kassio Nunes Marques a respeito de controvérsia específica envolvendo o setor elétrico em que se verificou o impacto de decisões judiciais em diversos agentes:

> Num primeiro momento a controvérsia vinculada à produção de energia pelas geradoras hidrelétricas ficou circunscrita ao ambiente do MRE [Mecanismo de Realocação de Energia], com o deferimento da redução da GSF [*Generation Scaling Factor*] para parte das integrantes deste grupo e da blindagem deferida judicialmente para a outra parcela dos integrantes deste mesmo grupo. Os resultados financeiros dentro do MRE, em razão do travamento judicial bilateral, redução da GSF e blindagem, já não estavam mais sendo suportados por este ambiente (MRE) e passaram a refletir financeiramente sobre terceiros, integrantes de outro grupo, o MCP – Mercado de Curto Prazo.
>
> A defasagem na produção de energia no sistema do MRE, em nível inferior ao estabelecido no GSF, levou essas geradoras a não adimplirem os seus débitos no MCP, resultantes da energia comprada nesse mesmo ambiente. Numa linguagem mais simples, a regulação da GSF e a blindagem pela via judicial chegaram a tal nível que o grupo de UHEs integrantes do MRE não conseguiu mais socializar estes prejuízos, passando a desembocar em outro mercado, qual seja, o MCP.

[145] Cf. "*In the regulatory arena, these differences manifest themselves in disputes ranging from how best to regulate an industry given market forces to case-specific disputes that affect only those impacted by the action or proposed action of a regulated entity. The dynamic is complicated and is magnified by interdependent relationships, such as those between businesses (e.g., utilities) and customers who have an ongoing relationship or partnership.*" (MCCARTHY GALLAGHER, Deirdre; MILES, Richard L.; PURDY, Jerrilynne. **Alternative dispute resolution in the regulatory process**. East Lansing: Michigan State University Press, 2020. p. 5)

> Assim, as usinas de biomassa, solar, eólica e congêneres, integrantes deste outro grupo, em virtude de serem diretamente atingidas financeiramente pelos efeitos que as decisões judiciais produziram no ambiente do MRE, tiveram parte do seu faturamento retida para fazer frente a estes débitos, muitas vezes superiores à margem de lucro, provocando um prejuízo incalculável a este novo grupo, que, em grande parte, inaugurava suas atividades no Brasil, especialmente as usinas solares e eólicas.
>
> A complexa questão se notabilizou no mercado de energia brasileira, sendo que em diversas oportunidades, precisamente por não serem pagos os créditos de energia devidos no MCP, a CCEE [Câmara de Comercialização de Energia Elétrica] não pode realizar a operação regular de comercialização de energia.
>
> Em consequência disto, as usinas integrantes do MCP ajuizaram ações buscando a blindagem do setor, de forma individual. Somente parte do MCP obteve provimento favorável, o que sobrecarregou financeiramente as outras empresas que não obtiveram tal provimento.[146]

Como se pode verificar, a complexidade e a interdependência de agentes em setores regulados pode ultrapassar os limites da demanda de um dos agentes. Chega a ser difícil para aqueles não familiarizados com a regulação setorial de energia a compreensão completa e correta do relato acima, pois são usados diversos conceitos e siglas específicas do funcionamento desse setor.

O relato ilustra muito bem o desarranjo causado por diferentes decisões judiciais em demandas propostas pelos agentes do setor elétrico, muitas delas em sede de liminar.[147] Nesse sentido, Mauro Marques indica que,

[146] MARQUES, Kassio Nunes. Temas de direito de energia à luz da análise econômica do direito e dos mecanismos de solução de conflito. *In*: FONSECA, Reynaldo Soares da; COSTA, Daniel Castro Gomes da (Coord.). **Direito regulatório**: desafios e perspectivas para a Administração Pública. Belo Horizonte: Fórum, 2020. p. 429.

[147] A judicialização no setor elétrico foi tema de dissertação de Lara Cristina Ribeiro Piau Marques, em que a autora avalia que, "do ponto de vista do Judiciário, reconhecendo que a discussão se trava em ambiente bilateral, a posteriori, não se anteviu, como de fato talvez não fosse mesmo possível antever, o impacto decorrente das decisões proferidas no funcionamento do sistema interdependente." Não obstante esses impactos, a autora conclui que "pelos elementos destacados, é possível concluir que a atuação do Judiciário não foi necessariamente disfuncional nos dois casos estudados. As decisões proferidas no âmbito das discussões da CNPE 03/2013 incentivaram o reconhecimento da inconsistência da medida e a reconstituição da natureza e efeitos do ESS no SEB. As várias decisões do GSF, de outro modo, permitiram a

"visando buscar um atalho para a questão, nota-se a constante judicialização de complexas controvérsias via mandado de segurança."[148]

Idealmente, como regra geral, os conflitos deveriam ser solucionados diretamente pelas partes, detentoras de maior entendimento das consequências das possíveis soluções, a médio e longo prazos em sua relação. Como indicam Fuller e Winston, o racional para decisões de terceiros é diferente do racional das partes ao firmarem um acordo.[149]

Em setores regulados, todavia, nem sempre o interesse das partes estará alinhado ao interesse da regulação, de forma que a adoção de algum comportamento estratégico, tal como o pedido de liminares mencionado acima, com o objetivo de auferir vantagem em relação aos demais agentes, poderá resultar em prejuízo à harmonia e à coerência da regulação setorial.

Para que se possa evitar um desarranjo no setor, as decisões judiciais e arbitrais, especialmente a respeito de pedidos de tutela antecipada, em disputas envolvendo um setor regulado, deveriam considerar não apenas a relação bilateral entre autor e réu, mas também eventuais efeitos

identificação de falhas sistêmicas que exigem mudanças e aperfeiçoamento na estrutura regulatória vigente." (MARQUES, Lara Cristina Ribeiro Piau. **Efeitos da judicialização das escolhas regulatórias complexas no setor elétrico brasileiro que impactam as liquidações da CCEE.** Dissertação (mestrado) – Escola de Direito do Rio de Janeiro da Fundação Getulio Vargas. 2017. p. 55; 75. Disponível em: https://bibliotecadigital.fgv.br/dspace/handle/10438/20310. Acesso em: 26 nov. 2022.). Foi também discutida por Juliana Paiva, cf. PAIVA, Juliana L.B. Villas Boas Carvalho de. A judicialização do *generation scaling fator* ("GSF"): reflexões acerca do controle do poder normativo das agências reguladoras pelo Poder Judiciário. *In*: GUERRA, Sérgio (Org.) Teoria do estado regulador. v. 4. Curitiba: Juruá, 2019. p. 169-202.

[148] MARQUES, Mauro Luiz Campbell. Os desafios da implantação de método alternativo de solução de controvérsias em contratos administrativos em razão do conflito de interesses no âmbito da atividade normativa das agências reguladoras: breve estudo envolvendo as UHE de Jaguará, Miranda e São Simão. *In*: FONSECA, Reynaldo Soares da; COSTA, Daniel Castro Gomes da (Coord.). **Direito regulatório**: desafios e perspectivas para a Administração Pública. Belo Horizonte: Fórum, 2020. p. 107.

[149] *"If we asked one party to the contract, 'Can you defend that contract?' he might answer, 'Why, yes. It was good for me and it was good for him.' If we then said, 'But that is not what we meant. We meant, can you defend it on general grounds?' he might well reply that he did not know what we were talking about. Yet this is precisely the kind of question we normally direct toward the decision of a judge or arbitrator. The results that emerge from adjudication are subject, then, to a standard of rationality that is different from that imposed on the results of an exchange."* (FULLER, Lon L.; WINSTON, Kenneth I. **The Forms and Limits of Adjudication**. Harvard Law Review, v. 92, n. 2, 1978. p. 367. Disponível em: https://doi.org/10.2307/1340368. Acesso em: 26 nov. 2022.)

indesejáveis dessa decisão individual em todo o setor regulado, nos demais agentes econômicos e usuários ou consumidores do insumo ou serviço, no equilíbrio e harmonia do modelo regulatório, além da eventual sinalização ou incentivo para que uma série de demandas similares sejam propostas buscando o mesmo tratamento.[150]

Entretanto, nem sempre isso será possível, em razão das complexidades envolvidas e, no caso de magistrados, da formação eminentemente jurídica, como já discutido.

Ao menos em tese, tem-se na regulação de um setor econômico uma unidade sistêmica que busca assegurar o funcionamento das atividades reguladas e o compartilhamento de riscos entre os agentes a partir das valorações realizadas pelo regulador. A partir do momento em que esse sistema sofre uma influência exterior, o equilíbrio é afetado, com consequências à higidez do sistema regulatório.

Nesse mesmo sentido, o Min. Luiz Edson Fachin e Fernando Quadros da Silva reconhecem que a discussão em juízo, "pode conduzir à ineficácia da atuação regulatória estatal ou à desorganização do quadro regulatório mantido e fiscalizado pela agência reguladora setorial."[151]

Sergio Guerra faz análise dessa interferência judicial no sistema regulatório:

[150] Fuller e Winston alertam que não é a multiplicidade de partes afetadas a característica marcante dos problemas policêntricos: "*It should be carefully noted that a multiplicity of affected persons is not an invariable characteristic of polycentric problems. [...] in practice polycentric problems of possible concern to adjudication will normally involve many affected parties and a somewhat fluid state of affairs. Indeed, the last characteristic follows from the simple fact that the more interacting centers there are, the more the likelihood that one of them will be affected by a change in circumstances, and, if the situation is polycentric, this change will communicate itself after a complex pattern to other centers. This insistence on a clear conception of polycentricity may seem to be laboring a point, but clarity of analysis is essential if confusion is to be avoided. [...] Now, if it is important to see clearly what a polycentric problem is, it is equally important to realize that the distinction involved is often a matter of degree. There are polycentric elements in almost all problems submitted to adjudication. A decision may act as a precedent, often an awkward one, in some situation not foreseen by the arbitrer.*" (FULLER, Lon L.; WINSTON, Kenneth I. **The Forms and Limits of Adjudication**. Harvard Law Review, v. 92, n. 2, 1978. p. 397. Disponível em: https://doi.org/10.2307/1340368. Acesso em: 26 nov. 2022.)

[151] FACHIN, Luiz Edson; SILVA, Fernando Quadros da. Justiça e segurança normativa à luz de aperfeiçoamentos no processo regulatório. *In*: FONSECA, Reynaldo Soares da; COSTA, Daniel Castro Gomes da (Coord.). **Direito regulatório**: desafios e perspectivas para a Administração Pública. Belo Horizonte: Fórum, 2020. p. 64.

> Quando um julgador decide modificar uma escolha administrativa de caráter geral, seja ela vinculada ou discricionária, com o fim de apreciar determinado direito, individual ou coletivo, os efeitos dessa escolha, em regra, afetam apenas os cidadãos envolvidos, ou seus impactos quase sempre são abrandados e diluídos na coletividade. Por outro lado, nas escolhas regulatórias reflexivas, a atuação do regulador, em determinado aspecto do sistema social, tende a produzir impacto em outro sistema, regulado ou não. Por essa razão, o Poder Judiciário altera uma escolha regulatória, que envolve, fundamentalmente, a eleição dos meios técnicos necessários para o alcance dos fins e interesses setoriais, com menor impacto para a sociedade e de modo mais eficiente, poderá, por uma decisão voltada a apenas um dos aspectos em questão danificar a harmonia – clausura autorreferencial – de um sistema complexo.[152]

Como medida de mitigação do problema, o Min. Kassio Nunes Marques propõe que se utilize como recurso a análise econômica do direito "para uma decisão que produzirá resultados sistêmicos – para além daquele processo que está julgando – menos ineficientes ou que reduzirá ao mínimo a ocorrência de injustiças no futuro para toda a sociedade."[153]

No campo legislativo e de aplicação do direito brasileiro, a LINDB[154] foi alterada[155] e passou a prever, no seu artigo 20, que "nas esferas administrativa, controladora e judicial, não se decidirá com base em valores jurídicos abstratos sem que sejam consideradas as consequências práticas da decisão".

[152] GUERRA, Sérgio. **Discricionariedade, regulação e reflexividade**: uma Nova Teoria sobre as Escolhas Administrativas. 6. ed. rev. e atual. Belo Horizonte: Fórum, 2021. p. 298-299

[153] MARQUES, Kassio Nunes. Temas de direito de energia à luz da análise econômica do direito e dos mecanismos de solução de conflito. *In*: FONSECA, Reynaldo Soares da; COSTA, Daniel Castro Gomes da (Coord.). **Direito regulatório**: desafios e perspectivas para a Administração Pública. Belo Horizonte: Fórum, 2020.p. 439.

[154] BRASIL. **Decreto-lei nº 4.657, de 4 de setembro de 1942**. Lei de Introdução ao Direito Brasileiro. Brasília: Presidência da República, 1942. Disponível em: http://www.planalto.gov.br/ccivil_03/decreto-lei/del4657compilado.htm. Acesso em: 21 maio 2022.

[155] Mais informações sobre as alterações à LINDB em: SILVEIRA LOBO, Marcello Portes da. **Segurança jurídica**: um objetivo constante. Disponível em: https://www.migalhas.com.br/depeso/279523/seguranca-juridica--um-objetivo-constante. Acesso em: 21 maio 2022.

Gustavo Binenbojm, ao comentar a introdução desse dispositivo na LINDB, afirma que "a interdição contida no dispositivo dirige-se à invocação de princípios ou conceitos indeterminados de maneira isolada ou solipsista, sem que se levem, na devida conta, os resultados sistêmicos do exercício intelectual do intérprete e aplicador da lei."[156]

Não obstante essa previsão legal, as complexidades de qualquer setor regulado tornam de difícil aplicação esse comando legal pelo Judiciário. Além da sobrecarga de processos, os julgadores possuem formação eminentemente jurídica, conforme já mencionado.

Como poderá ser esperado do Judiciário que tenha capacidade de avaliar, em cada caso concreto e complexo, as consequências práticas da decisão? A análise realizada por um magistrado ou por tribunal dificilmente será mais completa, profunda ou adequada do que a análise dos reguladores, dotados de corpo técnico especializado e multidisciplinar, com indivíduos envolvidos, diariamente, na regulação setorial.

No caso específico do setor de gás, algumas dessas complexidades serão abordadas no capítulo três para melhor entendimento e concretude das dificuldades tratadas neste trabalho, sendo possível observar que trata-se de setor em que conhecimentos de engenharia, economia, finanças, regulação e, até mesmo, geopolíticos, entre outros, são necessários para adequada análise de impactos.

2.1. Competência de agências na solução de conflitos e suas características

Algumas leis setoriais estabeleceram expressamente a competência das respectivas agências reguladoras para atuarem na solução de conflitos.

Sergio Guerra menciona que "foi outorgada competência às Agências Reguladoras para a solução de controvérsias entre os agentes regulados, identificada pela doutrina como função judicante, arbitramento de conflitos, arbitragem administrativa e arbitragem regulatória."[157]

[156] BINENBOJM, Gustavo. **Poder de polícia, ordenação, regulação**: transformações político-jurídicas, econômicas e institucionais do direito administrativo ordenador. 3. ed. Belo Horizonte: Fórum, 2020. p. 64.

[157] GUERRA, Sérgio. **Agências Reguladoras**: da organização administrativa piramidal à governança em rede. 2. ed. Belo Horizonte: Fórum, 2021. p. 301-302.

O mesmo autor esclarece que trata-se de "competência para instaurar um processo administrativo em que a autarquia, ao final, decide por meio de deliberação da sua autoridade máxima, isto é, o Conselho Diretor, um conflito entre agentes regulados."[158]

Presume-se, assim, que o regulador está dotado de determinadas ferramentas, especialmente a independência, a multidisciplinaridade de seu corpo técnico e recursos financeiros, que o capacitem para essa atuação.

A propósito, Eduardo Jordão comenta que:

> Foi precisamente a complexidade técnica de algumas atividades administrativas contemporâneas que provocou as reformas estruturais na administração pública que caracterizam este novo modelo de Estado. Centros de competência administrativa passaram a ser destacados da administração central e revestidos de características institucionais voltadas a fazê-los cuidadosamente desenhados para o desempenho destas funções complexas. O maior exemplo é a regulação de atividades econômicas antes submetidas ao monopólio estatal, como os serviços de telecomunicações, energia elétrica, gás, transporte rodoviário etc. A liberalização destes setores à iniciativa privada constitui um processo extremamente complexo e sensível. Para capitaneá-los, foi frequentemente a opção pela criação das chamadas "agências reguladoras". Na maioria dos casos trata-se de autoridades administrativas relativamente independentes da administração central, compostas por especialistas na matéria e dotadas de significativos recursos financeiros e humanos.[159]

A agência reguladora possui uma capacidade técnica[160] que deriva da coletividade de seus integrantes, que não está e dificilmente poderia

[158] GUERRA, Sérgio. **Agências Reguladoras**: da organização administrativa piramidal à governança em rede. 2. ed. Belo Horizonte: Fórum, 2021.p. 306.

[159] JORDÃO, Eduardo. **Controle judicial de uma administração pública complexa**: a experiência estrangeira na adaptação da intensidade do controle. São Paulo: Malheiros: SBDP, 2016. p. 129

[160] É preciso esclarecer que nem todas as decisões regulatórias são meramente técnicas. Como afirma Alexandre Aragão, "em primeiro lugar as agências reguladoras estão adstritas, naturalmente, às políticas públicas traçadas na Constituição. Em segundo lugar devem observar as políticas preconizadas nas respectivas leis setoriais. Por derradeiro, devem atender às políticas do Governo para o setor." (ARAGÃO, Alexandre Santos de. **Agências Reguladoras**

estar presente no Judiciário, ou mesmo na expertise individual de árbitros experientes no setor. Isto porque a agência reguladora consolida o conhecimento desenvolvido internamente e aquele adquirido por meio da análise de demandas manifestadas pelos agentes em processos administrativos e em consultas e audiências públicas. Não é tarefa fácil, ou até mesmo possível, que esse conhecimento acumulado possa ser igualado por qualquer indivíduo, por mais dedicado que seja no estudo do tema.

Cabe destacar que uma das razões que justificam a regulação é a assimetria de informações relativas ao setor regulado, em que alguns agentes possuem mais informações do que outros, incluindo usuários, consumidores, além da própria agência. Com o objetivo de nivelar as informações, as agências recebem informações periódicas dos agentes, determinam sua divulgação ao mercado, e produzem, com base nessas e em outras informações, notas técnicas e análises de impacto regulatório para a proposição de novas normas. Dessa forma, a agência é detentora de grande volume de informações e é constantemente alimentada com atualizações, que poderão ser úteis na solução de conflitos no setor regulado.

Há, assim, um aprendizado institucional constante pela própria atuação da agência. À medida que a agência atua na solução de conflitos, conforme seu papel institucional, seu corpo técnico também tenderia a adquirir aprendizado resultante dessas experiências, não só com relação à matéria de fundo que rege o conflito, mas quanto ao próprio procedimento para sua solução. É possível verificar isso nos casos em que a ANP foi envolvida, conforme será tratado posteriormente.

Por outro lado, o método adversarial aplicável aos processos judiciais e aos procedimentos arbitrais são baseados nas alegações e provas requeridas e produzidas pelas partes[161] em cada processo, em cada jurisdição, em cada tribunal, seja ele judicial ou arbitral. Assim, o aprendizado fica restrito e dificilmente é aproveitado para outras controvérsias similares. Ainda que houvesse a criação de varas especializadas, o Brasil é um país

e a evolução do Direito Administrativo Econômico. 3. ed. Rio de Janeiro: Forense. 2013. p. 390)

161 *"The distinguishing characteristic of adjudication lies in the fact that it convers on the affected party a peculiar form of participation in the decision, that of presenting proofs and reasoned arguments for a decision in his favor."* (FULLER, Lon L.; WINSTON, Kenneth I. **The Forms and Limits of Adjudication**. Harvard Law Review, v. 92, n. 2, 1978. p. 364. Disponível em: https://doi.org/10.2307/1340368. Acesso em: 26 nov. 2022.)

continental e esse fator, em si, já seria suficiente para impedir o mesmo grau de concentração das informações, em razão das demandas poderem ser propostas em diferentes Tribunais de Justiça ou, conforme o caso, Tribunais Regionais Federais.

Ao comparar a atuação de tribunais e de agências na solução de conflitos regulatórios, Eduardo Jordão resume a relevância da especialização e do aprendizado constante das agências reguladoras:

> O pouco hábito dos tribunais de tratar de problemas regulatórios é agravado pelo fato de que estas instituições tampouco foram criadas e desenhadas para tratar de temas deste tipo, que exigem grande especialização técnica e dinamismo. A inadaptabilidade institucional dos tribunais reside particularmente na ausência de expertise institucional (item 3.1.2.1) e na natureza formal de sua atuação (item 3.1.2.2).Por se tratar de problemas extremamente complexos, as questões regulatórias demandam tratamento especializado e pormenorizado. Nas mais diversas jurisdições a solução mais comum para enfrentá-las tem sido a de destacar uma instituição pública específica (uma autoridade administrativa reguladora), composta por meios financeiros adequados e por pessoal técnico de apoio para as decisões a serem tomadas pelos seus membros. Em contraste com esta configuração, os tribunais costumam caracterizar-se pela atuação genérica (incidente sobre diversos setores da economia) e dispor de poucos meios financeiros para promover análises técnicas detalhadas e cuidadosas sobre o alcance e os efeitos de determinada medida regulatória. A especialização institucional reduzida dificulta ainda a compreensão, pelos membros dos tribunais, das escolhas políticas e técnicas subjacentes à regulação examinada, bem como dos seus complexos efeitos sistêmicos. A especialização superior das autoridades administrativas pode decorrer do maior aparelhamento técnico, pessoal e financeiro da instituição (item 3.1.2.1.1), mas também pode derivar da experiência adquirida no tratamento diuturno da matéria objeto da regulação (item 3.1.2.1.2). [162]

[162] JORDÃO, Eduardo. **Controle judicial de uma administração pública complexa**: a experiência estrangeira na adaptação da intensidade do controle. São Paulo: Malheiros: SBDP, 2016. p. 140-141.

Adicionalmente à utilização do conhecimento das agências para uma melhor solução do conflito sob o ponto de vista material, esse conhecimento acumulado pode também permitir redução dos custos de transação incorridos na resolução da disputa.

Sabe-se que, tanto o processo de negociação de acordos entre as partes, quanto a solução de um conflito, demandam custos financeiros, e exigem também a dedicação de seu pessoal, resultando em desvio das suas funções ordinárias, tanto para produzir como para obter informações.

Na medida que as partes tenham que demonstrar os seus pontos de vista a um juiz ou árbitro não dotado do conhecimento detido pelo regulador, torna-se mais relevante a atuação de experts e peritos técnicos, bem como de assessores que tenham a capacidade de explicar conceitos complexos a leigos na matéria de fundo da controvérsia. Essa atuação exige contratação e pagamento de honorários, entre outros custos, a esses profissionais.

Pressupõe-se, portanto, que o conhecimento do regulador poderá resultar em menor esforço das partes para esse fim. No âmbito de uma mediação ou arbitragem regulatória, é de se esperar que a agência faça uso do seu conhecimento sobre o setor e de sua expertise na regulação para dirimir o conflito e, criando-se um ciclo virtuoso, que a experiência adquirida na atuação em mediações ou em arbitragens regulatórias possa trazer subsídios para aprimoramentos à regulamentação e para a prevenção da ocorrência de novas divergências. Como será discutido mais à frente, é justamente essa a diretriz que deve nortear a atuação da ANP.

Outra característica relevante diz respeito ao papel prospectivo da atuação das agências. Diferentemente, o Judiciário propõe-se, em regra, a resolver conflitos já ocorridos entre as partes que, não sendo capazes de resolvê-los, acionam o Judiciário para que seja determinada a responsabilidade e as medidas reparadoras a respeito de algo que já terá acontecido, sem necessariamente haver uma preocupação sistêmica e prospectiva.

Nesse sentido, Alexandre Aragão destaca o papel mais abrangente das agências reguladoras[163]:

> a função julgadora das agências reguladoras não é, a exemplo do que se dá quando exercida pelo Poder Judiciário, voltada para o passado, tendo, ao revés,

[163] ARAGÃO, Alexandre Santos de. **Agências Reguladoras e a evolução do Direito Administrativo Econômico**. 3. ed. Rio de Janeiro: Forense. 2013. p. 339.

um marcante caráter prospectivo de realização das políticas públicas cuja implementação lhes incumbe. E consequentemente, mais do que visar apenas à composição de determinado conflito inter partes, objetiva precipuamente a composição de latentes conflitos inter subsetoriais (ex.: entre determinadas categorias de consumidores, entre consumidores e concessionárias, entre estas e o Estado, etc.).

Não é esperada do Judiciário uma análise prospectiva a respeito do funcionamento do setor regulado, mas sim o remédio judicial para que o conflito se resolva, com base na legislação em vigor.[164] Por outro lado, a agência, ao analisar um conflito específico, não poderá deixar de lado sua função normativa e prospectiva, devendo prevenir novos conflitos e corrigir eventuais falhas da regulação para que os objetivos regulatórios sejam alcançados e para que o setor possa funcionar de forma adequada e eficiente.

Em trabalho desenvolvido com Juliana Paixão[165], foi registrada a preocupação do Diretor-Geral da ANEEL sobre o desafio do regulador, ao afirmar expressamente em voto que: "o desafio do regulador é imenso. É preciso tomar decisões para sanar problemas, mas dosar bem as ações, para que as soluções para o curto prazo (conjunturais) não afetem o longo prazo (estruturais), e ocasionem distorções e alocação ineficiente de custo no futuro."[166]

[164] *"It is not the function of courts to create new aims for society or to impose on society new basic directives. The courts for various reasons analyzed previously are unsuited for this sort of task. Perhaps the most compelling objection to an assumption of any such function lies in the limited participation in the decision by the litigants who (1) represent generally only themselves and (2) participate in the decision only by proofs and arguments addressed to the arbiter."* (FULLER, Lon L.; WINSTON, Kenneth I. **The Forms and Limits of Adjudication**. Harvard Law Review, v. 92, n. 2, 1978. p. 392. Disponível em: https://doi.org/10.2307/1340368. Acesso em: 26 nov. 2022.)

[165] SILVEIRA LOBO, Marcello Portes da; PAIXÃO, Juliana. Controle indireto do ato administrativo: análise da deferência do Tribunal de Justiça do Estado do Rio de Janeiro à decisão da ANEEL sobre contratos com demanda contratada durante a pandemia. *In*: LEAL, Fernando; MENDONÇA, José Vicente Santos de (Orgs.). **Transformações do direito administrativo:** debates e estudos empíricos em direito administrativo e regulatório. Rio de Janeiro: FGV Direito Rio, 2022. Disponível em: https://bibliotecadigital.fgv.br/dspace;handle/handle/10438/31877?locale-attribute=pt_BR. Acesso em: 28 maio 2022.

[166] Disponível em: http://www2.aneel.gov.br/cedoc/adsp20201406_3.pdf. Acesso em: 6 nov. 2022.

2.2. Natureza administrativa da decisão pelas agências

Cabe destacar, para evitar dúvidas sobre o instituto, que a arbitragem regulatória "não possui as características da arbitragem comercial, nada mais sendo do que um processo administrativo regulatório, cujas regras gerais estão disciplinadas pela Lei nº 9.784/99[167]."[168]

No que diz respeito à possibilidade de a agência reguladora atuar como órgão arbitral institucional, Guerra relembra que a Lei nº 9.307/96 (Lei de Arbitragem)[169] dispõe que qualquer pessoa capaz, e que tenha a confiança das partes, pode ser árbitro, cabendo às partes, de comum acordo, estabelecer o processo de escolha, podendo adotar as regras de um órgão arbitral institucional ou entidade especializada. Por outro lado, "não pode atuar como árbitro quem possua algumas das relações que caracterizam os casos de impedimento ou suspeição de magistrados em relação às partes ou com o litígio."[170]

No mesmo sentido, Octávio Barros e Patrícia Sampaio afirmam que "nem sempre quando a Administração 'arbitra' um conflito ela está tecnicamente realizando uma arbitragem nos termos da Lei nº 9.307/96."[171] Ao comentar a Lei do Petróleo, esses autores entendem que "a lei não instituiu uma arbitragem, pois que designou mandatoriamente a agência como o fórum adequado para solução desses conflitos. Novamente aqui se tem a possibilidade de uma decisão administrativa, passível de discussão em juízo".[172]

167 BRASIL. **Lei nº 9.784, de 29 de janeiro de 1999**. Regula o processo administrativo no âmbito da Administração Pública Federal. Brasília, DF: Presidência da República, 1999. Disponível em: http://www.planalto.gov.br/ccivil_03/leis/l9784.htm. Acesso em: 29 maio 2022.

168 GUERRA, Sérgio. **Agências Reguladoras**: da organização administrativa piramidal à governança em rede. 2. ed. Belo Horizonte: Fórum, 2021. p. 307.

169 BRASIL. **Lei nº 9.307, de 23 de setembro de 1996**. Dispõe sobre arbitragem. Brasília, DF: Presidência da República, 1996. Disponível em: https://www.planalto.gov.br/ccivil_03/leis/l9307.htm. Acesso em: 29 maio 2022.

170 GUERRA, Sérgio. **Agências Reguladoras**: da organização administrativa piramidal à governança em rede. 2. ed. Belo Horizonte: Fórum, 2021. p. 316-317.

171 BARROS, Octávio Fragata M. de; SAMPAIO, Patrícia Regina Pinheiro. Arbitragem em questões regulatórias: possibilidades, limites e critérios para a efetivação do princípio da publicidade. *In*: FONSECA, Reynaldo Soares da; COSTA, Daniel Castro Gomes da (Coord.). **Direito regulatório**: desafios e perspectivas para a Administração Pública. Belo Horizonte: Fórum, 2020. p. 309.

172 BARROS, Octávio Fragata M. de; SAMPAIO, Patrícia Regina Pinheiro. Arbitragem em questões regulatórias: possibilidades, limites e critérios para a efetivação do princípio da

Guerra conclui que, examinados esses dois aspectos – quem pode e quem não pode ser árbitro –, parece haver "imprecisão semântica" ou certa incompreensão da natureza jurídica da arbitragem e da função de regulação, que acaba por levar ao entendimento equivocado de que (i) Agência Reguladora, por seu Conselho Diretor como instância final, tem competência para atuar com as mesmas características de um órgão arbitral institucional, ou que (ii) à entidade reguladora seria facultado, discricionariamente, criar, por meio de Instrução Normativa ou qualquer outra forma regimental, uma câmara arbitral na sua estrutura organizacional, no molde próximo ou idêntico a órgãos arbitrais institucionais privados a que se refere a Lei nº 9.307/96.[173]

O mesmo autor registra que a Lei nº 14.026, de 15 de julho de 2020[174] (Marco Legal do Saneamento Básico) "também faz menção à disponibilização de mecanismos de mediação e arbitragem nas competências da ANA, 'em caráter voluntário e com sujeição à concordância das partes', deixando ampla margem de interpretação para a sua concretização."[175] Pelas razões já expostas, merece elogios a referência ao caráter voluntário, que demonstra não se tratar da única solução e poderá atribuir maior

publicidade. *In*: FONSECA, Reynaldo Soares da; COSTA, Daniel Castro Gomes da (Coord.). **Direito regulatório**: desafios e perspectivas para a Administração Pública. Belo Horizonte: Fórum, 2020. p. 312.

[173] GUERRA, Sérgio. **Agências Reguladoras**: da organização administrativa piramidal à governança em rede. 2. ed. Belo Horizonte: Fórum, 2021. p. 318.

[174] BRASIL. **Lei nº 14.026, de 15 de julho de 2020**. Atualiza o marco legal do saneamento básico e altera a Lei nº 9.984, de 17 de julho de 2000, para atribuir à Agência Nacional de Águas e Saneamento Básico (ANA) competência para editar normas de referência sobre o serviço de saneamento, a Lei nº 10.768, de 19 de novembro de 2003, para alterar o nome e as atribuições do cargo de Especialista em Recursos Hídricos, a Lei nº 11.107, de 6 de abril de 2005, para vedar a prestação por contrato de programa dos serviços públicos de que trata o art. 175 da Constituição Federal, a Lei nº 11.445, de 5 de janeiro de 2007, para aprimorar as condições estruturais do saneamento básico no País, a Lei nº 12.305, de 2 de agosto de 2010, para tratar dos prazos para a disposição final ambientalmente adequada dos rejeitos, a Lei nº 13.089, de 12 de janeiro de 2015 (Estatuto da Metrópole), para estender seu âmbito de aplicação às microrregiões, e a Lei nº 13.529, de 4 de dezembro de 2017, para autorizar a União a participar de fundo com a finalidade exclusiva de financiar serviços técnicos especializados. Brasília, DF: Presidência da República, 1996. Disponível em: http://www.planalto.gov.br/ccivil_03/_ato2019-2022/2020/lei/l14026.htm. Acesso em: 29 maio 2022.

[175] GUERRA, Sérgio. **Agências Reguladoras**: da organização administrativa piramidal à governança em rede. 2. ed. Belo Horizonte: Fórum, 2021. p. 304.

legitimidade à atuação da agência, mas sem que se modifique, contudo, a natureza administrativa dessa atuação e sua sujeição ao controle judicial. Independentemente do caráter voluntário e da concordância das partes, a natureza da ANA, uma agência reguladora, determina que seus atos continuem sujeitos aos princípios que regem a atuação dessas autarquias especiais, e não àqueles que regem a mediação e a arbitragem privada.

Seguindo esse entendimento, a norma recentemente proposta pela ANTAQ, conforme Audiência Pública nº 02/2022[176], trata de procedimentos de mediação e arbitragem regulatória, e prevê expressamente que "a arbitragem regulatória consiste em processo administrativo baseado na Lei nº 9.784, de 29 de janeiro de 1999 para solução de conflitos no setor regulado, cuja decisão compete à Diretoria Colegiada da ANTAQ, envolvendo a aplicação de leis, normas e contratos públicos"[177].

Situação diversa é a da PREVIC, autarquia especial com funções regulatórias no setor de previdência complementar, similar a agências reguladoras, em que houve criação de uma Câmara Arbitral. Sérgio Guerra registra que "com a previsão legal de atribuição de 'competência arbitral' para a PREVIC, com base na Lei nº 9.307/96; isto é, fazendo-se menção direta a essa lei que disciplina as arbitragens comerciais, operou-se uma situação peculiar no direito administrativo brasileiro"[178].

A Comissão de Mediação, Conciliação e Arbitragem da Superintendência Nacional de Previdência Complementar – CMCA foi criada originalmente pela Instrução nº 10, de 20 de junho de 2014[179], foi extinta pela Instrução

[176] Disponível em: https://web3.antaq.gov.br/sistemas/sisapinternet/AudienciaPublicaDetalhar.aspx. Acesso em: 15 out. 2022

[177] Art. 36 da norma proposta. Ver também SILVEIRA LOBO, Marcello Portes da; FARIA, Luis Cláudio; DA COSTA, Vitor Chavantes. **A nova proposta de regulamentação da mediação e arbitragem administrativa no âmbito da ANTAQ**. Disponível em: https://www.migalhas.com.br/coluna/migalhas-maritimas/368375/regulamentacao-da-mediacao-e-arbitragem-administrativa-na-antaq. Acesso em: 15 out. 2022.

[178] GUERRA, Sérgio. **Agências Reguladoras**: da organização administrativa piramidal à governança em rede. 2. ed. Belo Horizonte: Fórum, 2021. p. 322.

[179] BRASIL. *Instrução nº 10, de 20 de junho de 2014*. Instala a Comissão de Mediação, Conciliação e Arbitragem da Superintendência Nacional de Previdência Complementar – CMCA e aprova o seu regulamento. Brasília: PREVIC, 2014. Disponível em: https://www.gov.br/economia/pt-br/orgaos/entidades-vinculadas/autarquias/previc/regulacao/normas/instrucoes/instrucoes-previc/2014/instrucao-previc-no-10-de-20-de-junho-de-2014.pdf/view. Acesso em: 27 nov. 2022.

nº 14, de 17 de julho de 2019, e recentemente recriada pela Instrução nº 17, de 13 de setembro de 2019[180], sob a denominação de Câmara de Mediação, Conciliação e Arbitragem – CMCA.

Em análise sobre a inicialmente denominada Comissão, e hoje Câmara, Sérgio Guerra conclui que essa "atuação da PREVIC viola texto constitucional, haja vista que o Estado só está autorizado a exercer atividade de natureza privada quando necessária aos imperativos de segurança nacional ou a relevante interesse coletivo (art. 173, CRFB/1998) sob a ótica da subsidiariedade".[181] Nesse sentido, considerando que existem inúmeras câmaras privadas que estão aptas e exercem essa atividade empresarial, afirma que "o uso de estrutura física e servidores públicos para solucionar conflitos entre agentes regulados por meio de mecanismos privados, não está demonstrada no serviço autárquico de arbitragem comercial"[182].

A Lei de Agências Reguladoras (Lei nº 13.848, de 25 de junho de 2019)[183] tratou somente da solução de controvérsias por mais de uma agência ao regular a articulação entre agências reguladoras e estabelecer expressamente a possibilidade de edição de atos normativos conjuntos por duas ou mais agências, com a previsão de que esses atos devem conter

[180] BRASIL. *Instrução nº 17, de 13 de setembro de 2019*. Cria a Câmara de Mediação, Conciliação e Arbitragem – CMCA da Superintendência Nacional de Previdência Complementar – Previc em substituição à Comissão de Mediação, Conciliação e Arbitragem para atender ao disposto nas Leis nº 13.129, de 26 de maio de 2015 e nº 13.140, de 26 de junho de 2015, e aprova o seu regulamento. Brasília: PREVIC, 2019. Disponível em: https://www.gov.br/economia/pt-br/orgaos/entidades-vinculadas/autarquias/previc/regulacao/normas/instrucoes/instrucoes-previc/2019/instrucao-no-17-de-13-de-setembro-de-2019-instrucao-no-17-de-13-de-setembro-de-2019-dou-imprensa-nacional.pdf/view. Acesso em: 27 nov. 2022.

[181] GUERRA, Sérgio. **Agências Reguladoras**: da organização administrativa piramidal à governança em rede. 2. ed. Belo Horizonte: Fórum, 2021. p. 337.

[182] GUERRA, Sérgio. **Agências Reguladoras**: da organização administrativa piramidal à governança em rede. 2. ed. Belo Horizonte: Fórum, 2021. p. 338.

[183] BRASIL. **Lei nº 13.848, de 25 de junho de 2019**. Dispõe sobre a gestão, a organização, o processo decisório e o controle social das agências reguladoras, altera a Lei nº 9.427, de 26 de dezembro de 1996, a Lei nº 9.472, de 16 de julho de 1997, a Lei nº 9.478, de 6 de agosto de 1997, a Lei nº 9.782, de 26 de janeiro de 1999, a Lei nº 9.961, de 28 de janeiro de 2000, a Lei nº 9.984, de 17 de julho de 2000, a Lei nº 9.986, de 18 de julho de 2000, a Lei nº 10.233, de 5 de junho de 2001, a Medida Provisória nº 2.228-1, de 6 de setembro de 2001, a Lei nº 11.182, de 27 de setembro de 2005, e a Lei nº 10.180, de 6 de fevereiro de 2001. Brasília, DF: Presidência da República, 2019. Disponível em http://www.planalto.gov.br/ccivil_03/_ato2019-2022/2019/lei/l13848.htm. Acesso em: 29 maio 2022.

regras sobre a fiscalização de sua execução e prever mecanismos de solução de controvérsias decorrentes de sua aplicação, podendo admitir solução mediante mediação, nos termos da Lei de Mediação, ou mediante arbitragem por comissão integrada, entre outros, por representantes de todas as agências reguladoras envolvidas.[184]

Antes mesmo da Lei das Agências Reguladoras, ANP, ANEEL e ANATEL emitiram a Resolução Conjunta nº 1, de 24 de novembro de 1999[185], em que aprovaram o Regulamento Conjunto para Compartilhamento de Infraestrutura entre os Setores de Energia Elétrica, Telecomunicações e Petróleo. Essa resolução estabeleceu (art. 23) que eventuais conflitos surgidos em matéria de interpretação e aplicação do Regulamento seriam equacionados pelas Agências através de processo de arbitragem a ser definido em regulamento conjunto posteriormente expedido pelas Agências, e que a submissão de qualquer questão à arbitragem não exime os agentes e as Agências da obrigação de dar integral cumprimento a contratos de compartilhamento vigentes, nem permite a interrupção das atividades vinculadas a tais contratos. Da mesma forma (art. 13), que caso o solicitante não concorde com as razões alegadas pelo detentor para inviabilidade do compartilhamento, poderá requerer a arbitragem das Agências. Caso esgotadas as tentativas de negociação e não havendo acordo entre as partes e, portanto, assinatura do contrato de compartilhamento no

[184] Art. 29. No exercício de suas competências definidas em lei, duas ou mais agências reguladoras poderão editar atos normativos conjuntos dispondo sobre matéria cuja disciplina envolva agentes econômicos sujeitos a mais de uma regulação setorial.
§ 1º Os atos normativos conjuntos deverão ser aprovados pelo conselho diretor ou pela diretoria colegiada de cada agência reguladora envolvida, por procedimento idêntico ao de aprovação de ato normativo isolado, observando-se em cada agência as normas aplicáveis ao exercício da competência normativa previstas no respectivo regimento interno.
§ 2º Os atos normativos conjuntos deverão conter regras sobre a fiscalização de sua execução e prever mecanismos de solução de controvérsias decorrentes de sua aplicação, podendo admitir solução mediante mediação, nos termos da Lei nº 13.140, de 26 de junho de 2015 (Lei da Mediação), ou mediante arbitragem por comissão integrada, entre outros, por representantes de todas as agências reguladoras envolvidas.

[185] BRASIL. **Resolução Conjunta nº 1, de 24 de novembro de 1999**. Aprova o Regulamento Conjunto para Compartilhamento de Infra-estrutura entre os Setores de Energia Elétrica, Telecomunicações e Petróleo. Brasília, DF: ANEEL, ANATEL, ANP, 1999. Disponível em: https://informacoes.anatel.gov.br/legislacao/resolucoes/resolucoes-conjuntas/84-resolucao-conjunta-1. Acesso em: 27 abr. 2022.

prazo de sessenta dias da resposta do detentor informando a viabilidade de compartilhamento, qualquer delas também poderá solicitar a arbitragem das Agências (art. 14).

A Resolução Conjunta nº 2, de 27 de março de 2001[186] estabeleceu inicialmente a Comissão de Resolução de Conflitos das Agências Reguladoras dos Setores de Energia Elétrica, Telecomunicações e Petróleo, recriada posteriormente por meio da Resolução Conjunta nº 3, de 24 de novembro de 2020.[187]

Barros e Sampaio indicam que surgiram controvérsias a respeito da Resolução Conjunta nº 2/2001, que aprovou o regulamento conjunto de resolução de conflito dessas agências reguladoras. Segundo os autores, "Maria Sylvia Zanella Di Pietro, por exemplo, advogou a sua inconstitucionalidade":

> As Resoluções Conjuntas nºs 1 e 2, da ANATEL, ANEEL e ANP exorbitam de sua função regulatória, no que diz respeito à solução de conflitos, razão pela qual não são vinculantes para as empresas a que se dirigem. Mesmo que tivessem fundamento legal, poderiam os interessados recorrer às vias judiciais independentemente de cumprimento do processo administrativo disciplinado pela Resolução nº 2. Não tendo fundamento legal, o descumprimento de suas normas não pode acarretar qualquer consequência para as concessionárias.[188]

[186] BRASIL. **Resolução Conjunta nº 2, de 27 de março de 2001**. Aprova o Regulamento Conjunto de Resolução de Conflitos das Agências Reguladores dos Setores de Energia Elétrica, Telecomunicações e Petróleo. Brasília, DF: ANEEL, ANATEL, ANP, 2001. Disponível em: https://informacoes.anatel.gov.br/legislacao/resolucoes/resolucoes-conjuntas/85-resolucao--conjunta-2. Acesso em: 27 abr. 2022.

[187] BRASIL. **Resolução Conjunta nº 3, de 24 de novembro de 2020**. Recria a Comissão de Resolução de Conflitos das Agências Reguladoras dos Setores de Energia Elétrica, Telecomunicações e Petróleo. ANP, ANEEL, ANATEL: 2020. Brasília, DF: ANEEL, ANATEL, ANP, 2020. Disponível em: https://www.in.gov.br/en/web/dou/-/resolucao-conjunta-n-3-de-24-de-novembro-de-2020-290782951. Acesso em 27 abr. 2022.

[188] ZANELLA DI PIETRO, Maria Sylvia. Parcerias na Administração Pública. 5. ed. São Paulo: Atlas, 2006, p. 442/443, *Apud*. BARROS, Octávio Fragata M. de; SAMPAIO, Patrícia Regina Pinheiro. Arbitragem em questões regulatórias: possibilidades, limites e critérios para a efetivação do princípio da publicidade. *In*: FONSECA, Reynaldo Soares da; COSTA, Daniel Castro Gomes da (Coord.). **Direito regulatório**: desafios e perspectivas para a Administração Pública. Belo Horizonte: Fórum, 2020. p. 310.

Por outro lado, indicam, "Alexandre Santos de Aragão sustentou a constitucionalidade da regulação solucionadora de controvérsias, entendendo-a, porém, como uma espécie de contrato forçado, cuja finalidade é proteger a concorrência e atender aos interesses públicos."[189]

O aprofundamento dessa discussão, todavia, não é objeto deste trabalho.

2.3. Deferência à capacidade técnica das agências

Uma vez feitos esses esclarecimentos a respeito da arbitragem regulatória e da arbitragem comercial, deve ser considerado o eventual controle judicial a que a decisão, resultante de um processo administrativo, poderá ser submetida.

Por ser um processo administrativo, a atuação da agência reguladora no arbitramento do conflito, segundo Guerra, "sempre poderá ser submetida ao controle do Poder Judiciário, seja a decisão final materializada em ato administrativo, ou quaisquer atos processuais em qualquer fase, caso a Agência Reguladora se afaste dos princípios gerais do direito."[190-191]

Caso o Judiciário seja acionado para confirmar ou negar validade ao ato administrativo, a recomendação de Sérgio Guerra é de que a postura do Judiciário seja de deferência[192] à capacidade da agência:

[189] BARROS, Octávio Fragata M. de; SAMPAIO, Patrícia Regina Pinheiro. Arbitragem em questões regulatórias: possibilidades, limites e critérios para a efetivação do princípio da publicidade. *In*: FONSECA, Reynaldo Soares da; COSTA, Daniel Castro Gomes da (Coord.). **Direito regulatório**: desafios e perspectivas para a Administração Pública. Belo Horizonte: Fórum, 2020. p. 310.

[190] GUERRA, Sérgio. **Agências Reguladoras**: da organização administrativa piramidal à governança em rede. 2. ed. Belo Horizonte: Fórum, 2021. p. 307.

[191] Nesse sentido, note-se Recurso Especial nº 1.275.859 – DF, em que o STJ expressou seu entendimento de que "embora a Lei Geral de Telecomunicações – Lei nº 9.472/97 – tenha atribuído à ANATEL a competência para compor administrativamente conflitos de interesses entre prestadoras de serviço de telecomunicações (art. 19, XVII), em nenhum momento há vedação para que eventuais interessados ingressem no Poder Judiciário visando à discussão de eventual lesão ou a ameaça de lesão a direito tutelado por Lei."

[192] Para aprofundamento no tema, examiner ESKRIDGE JUNIOR, William N.; BAER, Lauren E. **The continuum of deference**: Supreme Court treatment of agency statutory interpretations from Chevron to Hamdan. Geo. Jl=J, v. 96, p. 1083. 2007. Disponível em: https://digitalcommons.law.yale.edu/cgi/viewcontent.cgi?article=4780&context=fss_papers. Acesso em: 6 nov. 2022.

> Há escolhas regulatórias que supõem tal grau de especialização técnica que somente aquele que as toma, a partir da consideração de elementos altamente complexos e sistêmicos, as pode valorar. O Poder Judiciário deve acatá-las, exercendo controle unicamente em relação aos erros manifestos que nelas se exteriorizam, de modo que o regulador, nesses casos, goza de liberdade técnica de escolha, liberdade que, no entanto, não é absoluta, visto que coartada quando seu exercício resultar viciado por erro manifesto."[193]

A deferência no controle judicial pode ser conceituada como "adoção pelos tribunais de uma postura autorrestritiva no controle que operam as decisões administrativas"[194] e pode ser analisada com base em diferentes parâmetros.[195] Adicionalmente, significa dizer que "decisões proferidas por autoridades detentoras de competência específica – sobretudo de ordem técnica – precisam ser respeitadas pelos demais órgãos e entidades estatais (em especial o Poder Judiciário, o Ministério Público e as Cortes de Contas)".[196]

A recomendação de que seja observada uma conduta deferente, todavia, não deve ser confundida com confirmação, em todos os casos, da decisão

[193] GUERRA, Sérgio. **Discricionariedade, regulação e reflexividade**: uma Nova Teoria sobre as Escolhas Administrativas. 6. ed. rev. e atual. Belo Horizonte: Fórum, 2021. p. 301.

[194] VILAR, Natália Ribeiro Machado. **Comportamento litigioso como a neurociência, a psicologia e a economia explicam o excesso de processos no Brasil**: uma análise da hiperlitigiosidade brasileira que leva em conta o real comportamento humano e o sistema de incentivos dos atores processuais. Indaiatuba: Editora Foco, 2021. p. 50.

[195] Jordão e Cabral analisam a deferência em função de três parâmetros distintos: "*(i) a deferência pelo discurso, com a verificação da eventual existência, nas decisões analisadas, de um discurso de deferência em favor da agência reguladora; (ii) a deferência pelo resultado, com a verificação do resultado final do processo, mantendo ou revisando a decisão da agência; e (iii) a deferência pela amplitude de controle, com a verificação da extensão do controle operado pelo tribunal, se limitado aos aspectos formais da decisão administrativa controlada ou exercido também sobre os seus aspectos substantivos.*" (JORDÃO, Eduardo; CABRAL Jr., Renato Toledo. **A teoria da deferência e a prática judicial**: um estudo empírico sobre o controle do TJ-RJ à AGENERSA. Revista de Estudos Institucionais, v. 4, n. 2, 2018. p. 539. Disponível em: https://estudosinstitucionais.com/REI/article/view/307. Acesso em: 6 nov. 2022).

[196] MOREIRA, Egon Bockmann. **Crescimento econômico, discricionariedade e o princípio da deferência**. Disponível em: http://www.direitodoestado.com.br/colunistas/egon-bockmann-moreira/crescimento-economico-discricionariedade-e-o-principio-da-deferencia. Acesso em: 6 nov. 2022.

da agência.[197] O risco que se pretende evitar é que o controlador assuma a posição de decisor ou regulador e faça seu próprio juízo de valor sobre o objeto da controvérsia ou queira aplicar sua própria solução, sem ter uma postura de autocontenção, que reconheça suas limitações para a análise conduzida pela agência.

A respeito das diferentes formas de atuação do Judiciário e das agências, e dos riscos inerentes ao controle judicial, Eduardo Jordão afirma:

> Os problemas das intervenções regulatórias operadas pelos tribunais via controle judicial está na inadaptabilidade destas instituições para cumprir esta tarefa. Além de não estarem habituados a tratar de questões regulatórias típicas (aspecto objetivo – item 3.1.1), os tribunais não possuem características institucionais adequadas para fazê-lo (aspecto subjetivo – item 3.1.2). O primeiro problema da adoção de medidas regulatórias pelo Poder Judiciário está em que os tribunais não estão acostumados a tratar de problemas típicos da regulação econômica. Estas questões constituem desafios inabituais para as instituições judiciárias. Com efeito, a estrutura da atuação judicial típica envolve (i) a solução de uma controvérsia meramente bipolar e veicula (ii) um raciocínio retrospectivo. Na maioria das vezes a atuação judicial consiste em aplicar o Direito a fatos pregressos, cuja ocorrência efetiva as partes buscam demonstrar ou negar. Diversamente, com bastante frequência as medidas

[197] Como afirmam Pedro Santos e Gabriel Fonseca, "*a hipótese que se defende é a de que não há uma resposta apriorística e universalmente adequada para tal pergunta, ou seja, não há uma postura abstrata que, em regra, seria mais adequada para solucionar todo e qualquer caso judicial sobre o tema. Ao revés, acredita-se que, a depender (i) dos elementos apresentados no caso concreto e, especialmente, (ii) da natureza da questão judicialmente questionada, juízes devem construir suas intervenções com maior ou menor intensidade, sempre, é claro, a partir de parâmetros racionais de justificação, que sopesem os ônus e bônus de cada escolha decisória. Assim, a fim de sofisticar o raciocínio jurídico sobre a temática, é imperioso refletir aceca das questões não só jurídicas, mas também institucionais, econômicas, políticas e sociais que o caso apresenta. Desse modo, pode-se atingir uma melhor compreensão a respeito dos efeitos que uma eventual intervenção judicial pode trazer frente aos benefícios de se adotar, de outra sorte, uma postura de maior autocontenção e de deferência a outra instituição que possua maior expertise técnica e/ou capacidade de fomento à ampla participação social, como as agências reguladoras e outras autoridades administrativas.*"(SANTOS, Pedro Felipe de Oliveira; FONSECA, Gabriel Campos Soares da. Intervenção judicial e políticas regulatórias: por uma análise institucional. *In*: FONSECA, Reynaldo Soares da; COSTA, Daniel Castro Gomes da (Coord.). **Direito Regulatório**: desafios e perspectivas para a Administração Pública. Belo Horizonte: Fórum, 2020. p. 172).

regulatórias envolvem análises prospectivas (item 3.1.1.1) e multipolares (item 3.1.1.2).[198]

Essa postura deferente, recomendada por autores, adicionalmente, não se restringe ao controle da decisão final. Melissa Bandos alerta que "a possibilidade de se conseguir uma decisão liminar de um dia para o outro [...] auxilia na realização do negócio indo ao encontro da celeridade exigida pelos objetivos organizacionais de uma empresa".[199]

De fato, diversos são os pedidos de liminares em que se busca sustar efeitos de atos administrativos ou direitos contratuais, situação em que a interferência do Judiciário pode se dar a partir de análise superficial característica dessa fase processual, gerando efeitos colaterais negativos ao sistema regulatório.

Embora seja um recurso legítimo das partes o acesso ao Judiciário com o objetivo de obter tais medidas urgentes, Sérgio Guerra alerta para os riscos que essa atuação em sede de cognição liminar:

> Se, de um lado, é sustentável uma maior participação do Poder Judiciário na sindicância das escolhas administrativas para evitar-se o arbítrio do administrador, de outro também é necessária uma comedida e moderada atuação das funções jurisdicionais na revisão dessas escolhas, notadamente em sede de cognição liminar. É grande, em sede de escolha regulatória – que, como proposto, não deve mais ser adotada discricionariamente, e, sim, reflexivamente – o risco de o magistrado usurpar a competência (técnica) do regulador para levar em conta a mediação de interesses e apreciação dos custos e benefícios da decisão com origem na autorreferência cíclica do subsistema regulado.[200]

[198] JORDÃO, Eduardo. **Controle judicial de uma administração pública complexa**: a experiência estrangeira na adaptação da intensidade do controle. São Paulo: Malheiros: SBDP, 2016. p. 131.

[199] BANDOS, Melissa Franchini Cavalcanti. **Análise dos conflitos, das negociações e dos contratos gerados pelo compartilhamento de infra-estrutura entre empresas reguladas pelas agências ANEEL, ANATEL e ANP.** Tese (Doutorado em Administração) – Faculdade de Economia, Administração e Contabilidade, Universidade de São Paulo, São Paulo, 2008. Disponível em: https://www.teses.usp.br/teses/disponiveis/12/12139/tde-15012009-171653/pt-br.php. Acesso em: 14 maio 2022. p. 95.

[200] GUERRA, Sérgio. **Discricionariedade, regulação e reflexividade**: uma Nova Teoria sobre as Escolhas Administrativas. 6. ed. rev. e atual. Belo Horizonte: Fórum, 2021. p. 297-298

Jordão conclui que a postura deferente traz benefícios à sociedade, pois "gera desincentivos à propositura de novas ações e incentivos à conciliação."[201] Segundo Jordão e Cabral, "a justificativa do controle judicial deferente às decisões das agências reguladoras reside, de um lado, na inadequação subjetiva e objetiva dos tribunais para a regulação; de outro, no prejuízo que sua intervenção pode causar à política regulatória das agências."[202]

O debate sobre a deferência na doutrina nacional e estrangeira parece estar tendo alguns avanços[203] e a deferência tem tido espaço em decisões judiciais envolvendo questões regulatórias. Mas ainda há um longo caminho a ser percorrido.

Interessante a análise realizada por Álvaro Palma de Jorge e Matheus Belém sobre a aplicação pelo STF do argumento das capacidades institucionais na atividade de controle. Concluem os autores que a sua utilização tem sido redundante, "como elemento de reforço de uma posição de deferência, especialmente em relação aos órgãos cujas competências decorrem diretamente da constituição"[204].

Assim, parece ser usada como argumento adicional, e não o principal fundamento da decisão. Segundo os autores, que analisaram 31 (trinta e uma) decisões colegiadas do STF a partir de 2011 que apresentaram

201 JORDÃO, Eduardo. **Controle judicial de uma administração pública complexa**: a experiência estrangeira na adaptação da intensidade do controle. São Paulo: Malheiros: SBDP, 2016. p. 590

202 JORDÃO, Eduardo; CABRAL Jr., Renato Toledo. **A teoria da deferência e a prática judicial**: um estudo empírico sobre o controle do TJ-RJ à AGENERSA. Revista de Estudos Institucionais, v. 4, n. 2, 2018. p. 541.

203 A esse respeito, cf. BINENBOJM, Gustavo. **Uma teoria do direito administrativo**: direitos fundamentais, democracia e constitucionalização. 3 ed. rev. atual. Rio de Janeiro: Renovar, 2014. p. 240-256; ARAGÃO, Alexandre Santos de. **Agências Reguladoras e a evolução do Direito Administrativo Econômico**. 3. ed. Rio de Janeiro: Forense. 2013. p. 375-379; JORDÃO, Eduardo. Passado, presente e futuro: ensaio sobre a história do controle judicial da administração pública no Brasil. *In*: LEAL, Fernando (Coord.). **Constitucionalismo de realidade**: democracia, direitos e instituições. Belo Horizonte: Fórum, 2019. p. 189-206.

204 PALMA DE JORGE, Álvaro; FERREIRA, Matheus Belém. O argumento das capacidades institucionais na atividade de controle: um conceito, algumas críticas e um olhar empírico na sua aplicação pelo Supremo Tribunal Federal. *In*: LEAL, Fernando; MENDONÇA, José Vicente Santos de (Orgs.). **Transformações do direito administrativo:** debates e estudos empíricos em direito administrativo e regulatório. Rio de Janeiro: FGV Direito Rio, 2022. p. 63.

explicitamente o argumento da "capacidade institucional" utilizado por Cass Sunstein e Adrian Vermeule[205], objeto de sua análise, "é de se notar que em dois acórdãos foram identificados capítulos específicos dedicados parcialmente à realização de uma comparação entre o *modus operandi* do STF e da entidade controlada"[206]. Os autores esclarecem que "em outros quatro casos o STF também chega a se aproximar da ideia de avaliar concretamente as capacidades das distintas instituições e afirma que a entidade controlada teria mais amplo e maior escopo de análise fático-probatório para avaliar o tema sob revisão".[207]

Verifica-se, ainda, que "argumentos institucionais são sensíveis às características distintivas de cada instituição, de modo que a autoridade

[205] Embora *Interpretation and institutions*, de Cass Sunstein e Adrian Vermeule, não seja esse o único texto a respeito do tema, os autores o escolheram como objeto da análise empírica que empreenderam "a partir da identificação dos casos nos quais o STF fez uso do argumento das capacidades institucionais – e justamente porque a Corte fez esta escolha". (Ibid. p. 54) Como resumem Pedro Santos e Gabriel Fonseca, "em apertadíssima síntese, essa ideia, proposta por Cass Sunstein e Adrian Vermeule, leva em conta, ao menos dois fatores. *Primeiro*, avalia-se a aptidão e a competência da pluralidade de atores envolvidos na questão, mensurando-se, para tanto, os recursos e as limitações de cada instituição para solucionar o problema apresentado, isto é, sua capacidade institucional para resolver o impasse. *Segundo*, pondera-se a respeito dos possíveis efeitos sistêmicos que a outorga do poder decisório para uma instituição ou outra podem gerar. Realiza-se, assim, um raciocínio comparativo entre instituições para, em seguida, estabelecer qual delas é a mais adequada para enfrentar o problema posto." (SANTOS, Pedro Felipe de Oliveira; FONSECA, Gabriel Campos Soares da. Intervenção judicial e políticas regulatórias: por uma análise institucional. *In*: FONSECA, Reynaldo Soares da; COSTA, Daniel Castro Gomes da (Coord.). **Direito Regulatório**: desafios e perspectivas para a Administração Pública. Belo Horizonte: Fórum, 2020. p. 179-180).

[206] PALMA DE JORGE, Álvaro; FERREIRA, Matheus Belém. O argumento das capacidades institucionais na atividade de controle: um conceito, algumas críticas e um olhar empírico na sua aplicação pelo Supremo Tribunal Federal. *In*: LEAL, Fernando; MENDONÇA, José Vicente Santos de (Orgs.). **Transformações do direito administrativo:** debates e estudos empíricos em direito administrativo e regulatório. Rio de Janeiro: FGV Direito Rio, 2022. p. 61.

[207] PALMA DE JORGE, Álvaro; FERREIRA, Matheus Belém. O argumento das capacidades institucionais na atividade de controle: um conceito, algumas críticas e um olhar empírico na sua aplicação pelo Supremo Tribunal Federal. *In*: LEAL, Fernando; MENDONÇA, José Vicente Santos de (Orgs.). **Transformações do direito administrativo:** debates e estudos empíricos em direito administrativo e regulatório. Rio de Janeiro: FGV Direito Rio, 2022. p. 61-62

interpretativa e decisória deve ser alocada, na maior medida possível, àquela apta a produzir os melhores resultados possíveis."[208]

A máxima de que ao STF compete o direito de errar por último[209] deve ser interpretada, portanto, de forma mais restritiva ao se considerar a doutrina da deferência. Errar quanto à confirmação ou não do ato administrativo após uma análise criteriosa do grau de controle e da competência da agência, seria permitido. Por outro lado, o direito de errar quanto aos aspectos substanciais da solução da controvérsia objeto da decisão da agência deverá ser reservado à agência, mais apta do que o Judiciário para produzir resultados mais coerentes com a regulação e, portanto, adequados para a sociedade.

2.4. Legitimidade na mediação, conciliação e arbitragem regulatórias

Não obstante a capacidade técnica[210] das agências para a solução de conflitos com base na legislação, questão diferente é sua legitimidade, especialmente no que diz respeito ao reconhecimento dessa legitimidade pelos agentes, o que poderá ter implicação na procura de outras soluções ou na irresignação das partes com as soluções encontradas.[211]

Conforme já discutido no capítulo um, a legitimidade do conciliador, mediador ou árbitro deriva da confiança mútua das partes, seja diretamente

[208] PALMA DE JORGE, Álvaro; FERREIRA, Matheus Belém. O argumento das capacidades institucionais na atividade de controle: um conceito, algumas críticas e um olhar empírico na sua aplicação pelo Supremo Tribunal Federal. *In*: LEAL, Fernando; MENDONÇA, José Vicente Santos de (Orgs.). **Transformações do direito administrativo:** debates e estudos empíricos em direito administrativo e regulatório. Rio de Janeiro: FGV Direito Rio, 2022. p. 40.

[209] Expressão atribuída a Rui Barbosa, conforme lembrado pelo então Min. Celso de Mello em julgamento da Ação Penal 470. Disponível em: https://www.osconstitucionalistas.com.br/stf-e-o-direito-de-errar-por-ultimo. Acesso em: 19 nov. 2022.

[210] Cf. alerta Alexandre Aragão, "não podemos, no entanto, ter a ingenuidade de achar que a tecnicidade é sempre acompanhada da imparcialidade, já que, salvo em casos limites, o saber técnico pode perfeitamente ser instrumentalizado em favor de diversos fins políticos." (ARAGÃO, Alexandre Santos de. **Agências Reguladoras e a evolução do Direito Administrativo Econômico**. 3. ed. Rio de Janeiro: Forense. 2013. p. 344.)

[211] Cf. SILVEIRA LOBO, Marcello Portes da. Em busca de maior legitimidade dos atos administrativos de regulação. *In*: GUERRA, Sérgio (Org.). **Teoria do Estado Regulador**. v.5. Curitiba: Juruá, 2022. p. 265-290.

por meio de indicação pelas próprias partes, ou mediante a aceitação de mediador designado por tribunal ou instituição.

Por outro lado, assim como ocorre com o Judiciário, a legitimidade das agências reguladoras deriva da lei, a partir do momento em que a legislação setorial atribui competência às agências reguladoras para a solução de conflitos.

Trata-se de diferença fundamental. Se a lei, e não as partes, conferem às agências a competência para solução dos conflitos, é preciso que essa legitimidade seja reconhecida para que a via administrativa seja eleita pelas partes.

Em procedimentos de mediação ou arbitragem institucional ou comercial, os terceiros indicados têm sua legitimidade derivada da própria vontade e confiança das partes, seja na condição de auxiliares escolhidos pelas partes para uma autocomposição, seja na condição de árbitros indicados para a decisão da matéria de forma terminativa. Nesses casos, cabe à lei apenas disciplinar as hipóteses de impedimento ou suspeição, bem como salvaguardas para se evitar o conflito de interesses com base em atuação passada ou futura por uma das partes, entre outros vícios.

Nesse sentido, a Lei de Mediação determina que aplicam-se ao mediador as mesmas hipóteses legais de impedimento e suspeição do juiz, cabendo à pessoa designada para atuar como mediador o dever de revelar às partes, antes da aceitação da função, qualquer fato ou circunstância que possa suscitar dúvida justificada em relação à sua imparcialidade para mediar o conflito, oportunidade em que poderá ser recusado por qualquer delas.

Após a mediação, o mediador fica impedido, pelo prazo de um ano, contado do término da última audiência em que atuou, de assessorar, representar ou patrocinar qualquer das partes. Da mesma forma, não poderá atuar como árbitro nem funcionar como testemunha em processos judiciais ou arbitrais pertinentes a conflito em que tenha atuado como mediador.

Adicionalmente, a livre autonomia dos interessados rege a mediação e a conciliação, inclusive no que diz respeito à definição das regras procedimentais. Assim, as partes podem escolher, de comum acordo, não somente quem atuará na condição de conciliador, mediador ou, ainda, a câmara privada de conciliação e de mediação.

No caso de conciliação ou mediação judicial, inexistindo acordo quanto à escolha, haverá distribuição entre aqueles cadastrados no registro do tribunal, observada a respectiva formação. Por outro lado, será excluído do cadastro de conciliadores e mediadores aquele que: (i) agir com dolo ou culpa na condução da conciliação ou da mediação sob sua responsabilidade ou violar qualquer dos deveres estabelecidos; (ii) atuar em procedimento de mediação ou conciliação, apesar de impedido ou suspeito.

Os procedimentos de conciliação, mediação e arbitragem regulatórias, que são conduzidos por servidores das agências, não estão inteiramente sujeitos aos mesmos requisitos, havendo justificativa para o desconforto dos agentes regulados na submissão de conflitos às agências.

Os requisitos mais básicos que regem a atuação das agências estão presentes no art. 3º da Lei de Agências Reguladoras, sendo eles ausência de tutela ou de subordinação hierárquica, autonomia funcional, decisória, administrativa e financeira e investidura a termo de seus dirigentes e estabilidade durante os mandatos. Na teoria, as garantias necessárias parecem estar presentes.[212] Na prática, todavia, a realidade tem sido de interferências ou tentativas constantes de interferência na atuação dessas entidades autárquicas especiais.[213]

[212] Segundo Odete Medauar, "uma das características comuns das agências reguladores encontra-se na *autonomia*, que, embora se revestindo de moldes variados, conforme o país, significa, em geral, maior liberdade de decidir em comparação aos demais órgãos da Administração, quebrando-se, do ponto de vista jurídico, a subordinação hierárquica ao poder central (na verdade, a ausência de subordinação hierárquica em termos jurídicos, mostra-se ínsita à criação de todas as entidades da Administração indireta ou descentralizada; mas, na prática, de regra, ocorre subordinação ao poder central, sobretudo quando o dirigente exerce cargo de confiança, de livre nomeação e exoneração). Dentre os indicadores dessa maior liberdade estão os seguintes: estabilidade dos dirigentes, por exercerem função com mandato; receitas próprias; ausência de subordinação hierárquica do ponto de vista jurídico (embora na prática possa ocorrer); ausência ou atenuação de controles oriundos da Administração direta ou central. (MEDAUAR, Odete. **O direito administrativo em evolução**. 3 ed. Brasília, DF: Gazeta Jurídica, 2017. p. 339-340.). Cf. também ARAGÃO, Alexandre Santos de. **Agências Reguladoras e a evolução do Direito Administrativo Econômico**. 3. ed. Rio de Janeiro: Forense. 2013. p. 365-375.

[213] Cf. JORDÃO, Eduardo; RIBEIRO, Leandro Molhano; SALINAS, Natasha Schimitt Caccia; SAMPAIO, Patrícia Regina Pinheiro. **A produção legislativa do Congresso Nacional sobre agências reguladoras**. Revista de Informação Legislativa: RIL, Brasília, DF, v. 56, n. 222,

Caso as premissas de atuação autônoma e técnica das agências reguladoras não sejam observadas ou as garantias formais de autonomia não sejam suficientes para garantir o reconhecimento da capacidade e legitimidade da agência na solução de conflitos, é de se esperar que as partes busquem outros caminhos para a solução da controvérsia. Da mesma forma, pode-se supor que a solução encontrada pela agência poderá ser objeto de questionamento.

É também inerente à atuação das agências reguladoras a modificação na composição dos órgãos colegiados de tempos em tempos. Nesse sentido, "é importante lembrar que as decisões regulatórias possuem um caráter normativo e prescritivo. [...] Devem, assim, manter coerência com decisões anteriores, em regra, e com os objetivos regulatórios de cada setor ou segmento."[214]

2.5. Competência da ANP na solução de conflitos no setor de gás

Após essas considerações mais gerais sobre a competência e natureza da atuação das agências, assim como do controle de suas decisões e dos fundamentos de sua legitimidade, é o momento de tratar da sua atuação no setor de gás.

A Lei do Petróleo (art. 20) estabelece que o regimento interno da ANP deve dispor sobre os procedimentos a serem adotados para a solução de conflitos entre agentes econômicos, e entre estes e usuários e consumidores, com ênfase na conciliação e no arbitramento.[215]

O Regimento Interno da ANP, cuja versão mais recente foi aprovada pela Portaria ANP nº 265, de 10 de setembro de 2020[216], define, em linhas gerais, os procedimentos administrativos para os processos de conciliação

p. 75-107, abr./jun. 2019. Disponível em: https://www12.senado.leg.br/ril/edicoes/56/222/ril_v56_n222_p75. Acesso em: 19 nov. 2022.

[214] SILVEIRA LOBO, Marcello Portes da. **Decisões regulatórias***:* análises técnicas e legitimidade. https://www.migalhas.com.br/depeso/373986/decisoes-regulatorias-analises-tecnicas-e-legitimidade. Acesso em: 29 out. 2022.

[215] Embora a Lei do Petróleo mencione apenas o termo conciliação, entende-se que nada impede que a ANP adote a mediação ou outros meios de solução de conflitos. A Lei do Petróleo atribuiu à ANP competência ampla para atuar na solução de conflitos entre agentes econômicos, e entre estes e usuários e consumidores.

[216] BRASIL. **Portaria ANP nº 265, de 10 de setembro de 2020**. Estabelece o Regimento Interno da Agência Nacional do Petróleo, Gás Natural e Biocombustíveis – ANP. Rio de

e de arbitramento nos artigos 49 e 50, e reproduz, com algumas variações a forma de atuação da ANP de acordo com o Decreto que a instituiu[217], no sentido de: (i) dirimir eventuais divergências entre os agentes econômicos e entre estes e usuários e consumidores; (ii) resolver conflitos decorrentes das atividades de regulação, contratação e fiscalização no âmbito geral da indústria do petróleo, do gás natural e dos biocombustíveis; (iii) proferir decisão final, com força terminativa, caso não haja acordo entre as partes em conflito; e (iv) utilizar os casos já mediados pela Agência como precedentes para novas decisões e como subsídios para a eventual regulamentação do conflito resolvido.

Adicionalmente, estabelece que as sessões deliberativas da Diretoria Colegiada que se destinem a resolver conflitos entre agentes econômicos e entre estes e usuários e consumidores de bens e serviços da indústria do petróleo serão sempre públicas, permitida a sua gravação por meios eletrônicos e assegurado aos interessados o direito de obter a transcrição da reunião. E mais, que essas sessões serão realizadas após a comprovação, pelas partes em conflito, de que esgotaram todos os meios viáveis para uma solução amigável da controvérsia.[218]

Janeiro: ANP, 2020. Disponível em: https://www.in.gov.br/web/dou/-/portaria-n-265-de-10-de-setembro-de-2020-276907102. Acesso em: 22 maio 2022.

[217] O Decreto nº 2.455/98, que implanta a ANP, estabelece que (art. 19) sua atuação será exercida, mediante conciliação ou arbitramento, de forma a: (i) dirimir as divergências entre os agentes econômicos e entre estes e os consumidores e usuários de bens e serviços da indústria do petróleo; (ii) resolver conflitos decorrentes da ação de regulação, contratação e fiscalização no âmbito da indústria do petróleo e da distribuição e revenda de derivados de petróleo e álcool combustível; (iii) prevenir a ocorrência de divergências; (iv) proferir a decisão final no campo administrativo, com força determinativa, em caso de não entendimento entre as partes envolvidas; e (v) utilizar os casos mediados como subsídios para a regulamentação.

[218] Nesse sentido, comentário a respeito da *Federal Energy Regulatory Commission*, agência federal independente que regula transmissão e comercialização de energia elétrica e gás natural interestaduais, regula o transporte de petróleo por dutos em comércio interestadual, examina propostas para a construção de gasodutos, projetos de estocagem de gás e terminais de gás natural liquefeito, e emite licenças para projetos hidrelétricos não federais: "*in the federal regulatory arena, recognition of the value of settlement was endorsed well before the 1990 ADR Act. Consider the example of the Federal Energy Regulatory Commission (FERC or the Commission).*" (MCCARTHY GALLAGHER, Deirdre; MILES, Richard L.; PURDY, Jerrilynne. **Alternative dispute resolution in the regulatory process**. East Lansing: Michigan State University Press, 2020. p. xvi)

Parece claro o comando legislativo à ANP no sentido de dar ênfase à conciliação e ao arbitramento, além de ter a competência para decidir ou arbitrar, no caso de ausência de acordo entre as partes. Tratando-se a conciliação e a mediação de mecanismos de autocomposição assistida, em que um terceiro ajuda as partes a chegarem a um acordo[219], entende-se que deverá haver esforço nesse sentido antes que a agência prossiga com sua determinação sobre a questão.

Esse entendimento vai ao encontro da forma de atuação prevista no Regimento Interno também no que diz respeito à determinação de que a ANP utilize os casos já mediados pela Agência como precedentes para novas decisões e como subsídios para a eventual regulamentação do conflito resolvido.

Todavia, como afirmado por Alexandre Aragão, apesar das agências reguladoras deverem tentar solucionar os conflitos amigavelmente, "não podem preterir *ad infinitum* as suas decisões, evitando, desta forma, decidir a questão."[220]

Já se previa, portanto, desde o momento inicial de abertura do setor de petróleo e gás, a possibilidade de conflitos entre os agentes e o papel que a ANP poderia exercer para a solução desses conflitos, preferencialmente de forma conciliatória, cabendo-lhe decidir a matéria *na ausência de acordo* entre as partes.

Além dessa competência mais geral, aplicável a todos os segmentos das cadeias de petróleo e gás, há casos em que foi atribuída competência para a solução de conflitos em aspectos pontuais do funcionamento setorial. Nesse sentido, a própria Lei do Petróleo atribuiu competência específica à ANP (art. 58, § 3º) para fixar o valor e a forma de pagamento da remuneração da instalação, no caso de uso dos dutos de transporte e dos terminais marítimos, com base em critérios previamente estabelecidos, na ausência de acordo entre as partes.

[219] Para uma discussão comparativa entre mecanismos de autocomposição, autocomposição assistida, arbitragem e judiciário, conferir GIUSTI, Gilberto; SILVEIRA LOBO, Marcello Portes da. **Cumprimento de contratos e resolução de controvérsias em tempos de COVID-19.** Disponível em: https://www.migalhas.com.br/depeso/324540/cumprimento-de-contratos-e-resolucao-de-controversias-em-tempos-de-covid-19. Acesso em: 22 maio 2022.

[220] ARAGÃO, Alexandre Santos de. **Agências Reguladoras e a evolução do Direito Administrativo Econômico.** 3. ed. Rio de Janeiro: Forense. 2013. p. 339.

Com base nessa previsão mais específica da Lei do Petróleo, a ANP emitiu a Portaria nº 254/2001 para regulamentar a resolução de conflito de que trata o artigo 58 da Lei do Petróleo.[221]

Além da Portaria nº 254/2001, a ANP emitiu alguns normativos a respeito de acesso a instalações em que estabeleceu que a ANP, mediante solicitação, arbitrará eventuais conflitos concernentes à interconexão de instalações operadas por agentes distintos relacionados ao acesso a gasodutos de transporte[222], ao compartilhamento de infraestrutura do setor[223] ou, de outro modo, que a ANP deliberará sobre quaisquer dúvidas ou controvérsias surgidas em relação ao disposto na regulamentação, e trazidas à consideração da Agência por operadores, carregadores ou terceiros interessados[224].

No caso do compartilhamento de infraestruturas do setor de petróleo e gás, a regra dedicada ao tema possui detalhamento sobre o procedimento de resolução de conflitos. A Resolução ANP nº 42/2012 estabeleceu que (art. 22) eventuais conflitos no âmbito do compartilhamento de servidões administrativas e/ou faixas de domínio ou servidão entre agentes da indústria do petróleo, seus derivados, do gás natural e dos biocombustíveis serão dirimidos pela ANP. A submissão de qualquer conflito à análise da

[221] Alexandre Aragão e Vitor Shirato destacam que "o sistema de solução de conflitos entre transportadores e carregadores, previsto na Portaria ANP nº 254, de 11 de setembro de 2001, também indica um sistema de regulação *ex-post* das tarifas de transporte de gás, uma vez que em sistema de regulação tarifária *ex-ante* a necessidade de sistemas de solução de conflitos é consideravelmente reduzida, visto que os termos e condições de acesso são pré-aprovados pelo órgão regulador e obrigatórios a todos os agentes." (ARAGÃO, Alexandre Santos de. **Direito do Petróleo e do Gás**. Belo Horizonte: Fórum, 2021. p.253.)

[222] BRASIL. **Resolução ANP nº 11 de 16 de março de 2016**. Rio de Janeiro, RJ: ANP, 2016. Disponível em: https://atosoficiais.com.br/anp/resolucao-n-11-2016?origin=instituicao&q=11/2016. Acesso em: 27 abr. 2022.

[223] BRASIL. **Resolução ANP nº 42 de 10 de dezembro de 2012**. Rio de Janeiro, RJ: ANP, 2012. Disponível em: https://atosoficiais.com.br/anp/resolucao-n-42-2012?origin=instituicao&q=42%202012. Acesso em: 27 abr. 2022.

[224] BRASIL. **Portaria ANP nº 251 de 7 de novembro de 2000**. Estabelece critérios para o livre acesso, por terceiros interessados, aos terminais aquaviários, existentes ou a serem construídos, para movimentação de petróleo e seus derivados. Rio de Janeiro, RJ: ANP, 2000. Disponível em: https://atosoficiais.com.br/anp/portaria-tecnica-n-251-2000-estabelece-criterios-para-o-livre-acesso-por-terceiros-interessados-aos-terminais-aquaviarios-existentes-ou-a-serem-construidos-para-movimentacao-de-petroleo-e-seus-derivados?origin=instituicao. Acesso em: 27 abr. 2022.

ANP não exime os agentes da obrigação de dar integral cumprimento a contratos de compartilhamento vigentes, nem permite a interrupção das atividades vinculadas a tais contratos.

De acordo com a resolução (art. 23), no processo de resolução de conflitos objeto do regulamento, a ANP e seus representantes obedecerão, dentre outros, aos princípios da legalidade, finalidade, motivação, razoabilidade, proporcionalidade, moralidade, honestidade, imparcialidade, ampla defesa, contraditório, segurança jurídica, interesse público e eficiência.

Nota-se, mais uma vez, uma variação substancial em relação aos princípios que regem, de forma geral, conciliação, mediação e arbitragem comerciais ou institucionais (diferentemente das administrativas ou regulatórias). Por um lado, percebe-se a presença de princípios próprios da atuação da administração pública, como legalidade, finalidade, motivação, razoabilidade, proporcionalidade, moralidade e honestidade. Por outro, não há qualquer referência à autonomia das partes, confidencialidade, oralidade e informalidade, entre outros.

Mais recentemente, a Nova Lei do Gás estabeleceu competência similar àquela prevista no art. 58 da Lei do Petróleo. O art. 28 da Nova Lei do Gás assegura o acesso não discriminatório e negociado de terceiros interessados às instalações essenciais (gasodutos de escoamento da produção, instalações de tratamento ou processamento de gás natural e terminais de GNL), e prevê que na eventualidade de controvérsia sobre o assunto (incluindo a remuneração a ser paga ao proprietário pelo terceiro interessado, bem como o prazo de duração do instrumento contratual), caberá à ANP decidir sobre a matéria, considerado o código de conduta e prática de acesso à infraestrutura.

Ao contrário do dispositivo na Lei do Petróleo, a previsão da Nova Lei do Gás contém ressalva quanto à possibilidade de as partes, de comum acordo, elegerem outro meio de resolução de disputas legalmente admitido no Brasil, de forma que a competência atribuída à ANP tem caráter subsidiário.

Como já discutido na seção anterior, é importante esclarecer que essa atuação pela ANP e pelos reguladores estaduais[225] não deve ser confundida

[225] É também prevista na Nova Lei do Gás (art. 29, §3º) a arbitragem pelo regulador estadual quando não houver acordo sobre as contrapartidas necessárias, caso as instalações

com o exercício de papel como tribunal arbitral. A sujeição à arbitragem exige um acordo de vontade das partes, não podendo ser imposta por lei. Além disso, o árbitro deve ser um terceiro (um ou mais árbitros) que atenda aos requisitos de imparcialidade, de forma que o arbitramento de um conflito conduzido por funcionários da ANP esbarraria na independência necessária[226]. Essa atuação poderia representar ainda conflito de interesses, uma vez que o regulador poderá ter, mesmo em conflito entre agentes, seus próprios interesses na disputa.[227]

Dúvida poderá surgir quanto à possibilidade de as partes elegerem juízo arbitral para os casos em que a legislação setorial determinou à agência o arbitramento.

Como mencionado acima, no caso do setor de gás, o legislador expressamente contemplou essa possibilidade no art. 28 da Nova Lei do Gás, ao tratar do acesso negociado a infraestruturas essenciais, como já visto acima. Situação distinta foi a prevista no art. 58 da Lei do Petróleo, que, ao atribuir à ANP a competência para solucionar a controvérsia não havendo acordo entre as partes no acesso regulado aos dutos de transporte e terminais marítimos, não fez qualquer ressalva quanto ao direito das partes de escolherem outra via.

Algumas interpretações poderiam ser admitidas. A primeira, de que nas duas situações seria possível a eleição de arbitragem, evitando-se o arbitramento pela ANP. Essa interpretação baseia-se na autonomia da vontade das partes e na faculdade prevista na Lei de Arbitragem no que diz respeito a conflitos envolvendo direito patrimonial disponível.

de distribuição sejam construídas pelo consumidor livre, pelo autoprodutor ou pelo autoimportador, e a distribuidora de gás canalizado estadual solicite que as instalações sejam dimensionadas de forma a viabilizar o atendimento a outros usuários.

[226] TIBURCIO, Carmen; MEDEIROS, Suzana. Arbitragem na indústria do petróleo no direito brasileiro. *In*: RIBEIRO, Marilda Rosado de Sá (Org.). **Estudos e pareceres**: direito do petróleo e gás. Rio de Janeiro: Renovar, 2005. p. 622.

[227] A Resolução ANP nº 42/2012 estabelece em seu art. 23 que "no processo de resolução de conflitos objeto deste Regulamento, a ANP e seus representantes obedecerão, dentre outros, aos princípios da legalidade, finalidade, motivação, razoabilidade, proporcionalidade, moralidade, honestidade, imparcialidade, ampla defesa, contraditório, segurança jurídica, interesse público e eficiência." Não obstante a previsão, considerando que a agência reguladora consolida as funções normativa, fiscalizatória e judicante, essa previsão, embora positiva, não deve ser considerada equivalente à imparcialidade exigida do juiz ou árbitro, que não atuam na edição de normas e na sua fiscalização.

A segunda interpretação seria de que a possibilidade estaria presente apenas com relação às infraestruturas essenciais, com base no disposto na Nova Lei do Gás e nas diferentes modalidades de acesso e respectivas previsões legais. Enquanto o acesso contemplado na Nova Lei do Gás é definido como acesso negociado, com menor nível de interferência da agência, o acesso tratado na Lei do Petróleo é tratado como acesso regulado, sujeito a maior interferência.

Já se discutiu que essa competência atribuída à ANP, tanto na Lei do Petróleo como na Nova Lei do Gás, não é caso isolado. No seu art. 153, a Lei Geral de Telecomunicações (Lei nº 9.472/1997)[228] confere à ANATEL o poder de arbitrar conflitos caso as operadoras não cheguem a um acordo sobre os preços devidos para a interconexão de redes.[229]

Ao tratar do art. 153 da Lei Geral de Telecomunicações, Otávio Barros e Patrícia Sampaio afirmam que:

> Ao utilizar um comando em sua redação – a agência "arbitrará", o legislador tornou o recurso à ANATEL a solução juridicamente adequada, retirando das partes a voluntariedade da escolha do árbitro. Além disso, elegeu como solucionador da controvérsia o próprio ente regulador setorial, o que seria, como visto, incompatível com o instituto da arbitragem.
>
> Dessa forma, tem-se hipótese de um direito patrimonial disponível – o preço da interconexão, que deve ser objeto de livre negociação entre as empresas – o qual, todavia, não está sujeito à arbitragem por força dessa norma, mas sim a uma solução administrativa de conflito por meio de comando legal que conferiu competência à agência reguladora para esse fim.[230]

[228] BRASIL. **Lei nº 9.472, de 16 de julho de 1997**. Dispõe sobre a organização dos serviços de telecomunicações, a criação e funcionamento de um órgão regulador e outros aspectos institucionais, nos termos da Emenda Constitucional nº 8, de 1995. Brasília, DF: Presidência da República, 1997. Disponível em: http://www.planalto.gov.br/ccivil_03/leis/l9472.htm. Acesso em: 29 maio 2022.

[229] BARROS, Octávio Fragata M. de; SAMPAIO, Patrícia Regina Pinheiro. Arbitragem em questões regulatórias: possibilidades, limites e critérios para a efetivação do princípio da publicidade. *In*: FONSECA, Reynaldo Soares da; COSTA, Daniel Castro Gomes da (Coord.). **Direito regulatório**: desafios e perspectivas para a Administração Pública. Belo Horizonte: Fórum, 2020. p. 311.

[230] BARROS, Octávio Fragata M. de; SAMPAIO, Patrícia Regina Pinheiro. Arbitragem em questões regulatórias: possibilidades, limites e critérios para a efetivação do princípio da

Essa interpretação, todavia, não é livre de controvérsias. Caso a única solução admitida fosse a arbitragem regulatória, conduzida pela agência, significaria dizer que a nem o Judiciário nem a arbitragem comercial estariam disponíveis. Tendo em vista a já discutida natureza da arbitragem regulatória, que difere em diversos aspectos da arbitragem comercial, o Judiciário não estaria totalmente excluído, pois seria possível o recurso posterior ao Judiciário para fins de controle judicial. A partir de então, a solução vista inicialmente como juridicamente adequada, seria submetida à apreciação pelo poder Judiciário, com seus diversos graus de jurisdição, em razão dos inúmeros recursos disponíveis às partes. Sob esse ponto de vista, a arbitragem comercial, voluntária, poderia ser mais adequada, ao não admitir reapreciação do mérito pelo Judiciário.

Além disso, a atuação da ANP deverá sempre depender da ausência de acordo entre as partes, de forma que não faria sentido a exclusão da via arbitral, se assim decidirem as partes.

A mesma controvérsia não parece ter cabimento no que diz respeito à possibilidade de se recorrer à conciliação e à mediação de terceiros antes que a controvérsia seja submetida à agência. Isto porque a conciliação e a mediação são mecanismos que buscam a autocomposição das partes, o acordo. Considerando a necessidade de que as partes comprovem à ANP que esgotaram todos os meios viáveis para uma solução amigável da controvérsia, a vedação à possibilidade de buscarem ajuda de terceiro de sua confiança implicaria restrição incoerente com essa obrigação.

Para referência, uma análise comparativa de alguns aspectos envolvidos nos diferentes meios de solução de controvérsias discutidos neste trabalho está resumida na Tabela 3.

Como se pode observar, a atuação da agência reguladora na solução de conflitos difere em alguns aspectos da negociação direta entre as partes, assim como da conciliação, mediação e da arbitragem privadas, mas não substancialmente do Judiciário. Os procedimentos de mediação, conciliação e arbitragem regulatórias têm também sua legitimidade conferida pela lei, a publicidade como regra, estão sujeitos a regras e

publicidade. *In*: FONSECA, Reynaldo Soares da; COSTA, Daniel Castro Gomes da (Coord.). **Direito regulatório**: desafios e perspectivas para a Administração Pública. Belo Horizonte: Fórum, 2020. p. 311.

prazos procedimentais, não permitem a escolha das pessoas que atuarão como conciliador, mediador ou decisor e, por fim, resultam em decisões sujeitas a recursos.

Por outro lado, destaca-se como principal atributo da atuação da agência reguladora, até mesmo em comparação à mediação, conciliação ou arbitragem privadas, o amplo conhecimento que a agência e seus integrantes deverão ter do setor regulado.

Como já discutido, esse fator pode ter especial relevância na redução da assimetria de informações e, consequentemente, das barreiras indicadas no capítulo um para a solução de conflitos, incluindo os vieses de confirmação, de excesso de confiança e de otimismo. Da mesma forma, os custos de transação poderão ser reduzidos na medida que poderá ser dispensado ou minimizado o esforço com instrução dos terceiros envolvidos na solução do conflito em aspectos técnicos, regulatórios ou sistêmicos, quando os métodos de solução envolvendo a agência são comparados aos demais.

2.6. Resolução de conflitos passados pela ANP: Casos Enersil e TBG e Casos BG e TBG

Segundo Zylbersztain e Agel, ainda em maio de 2000, a Enersil América do Sul Ltda. Formalizou pedido de atuação da ANP para resolução de um conflito entre a Enersil (Energia do Brasil), empresa do grupo Enron, e a TBG (Transportadora Brasileira Gasoduto Bolívia Brasil S.A.), referente à prestação de serviço de transporte não firme de gás natural. Em resposta, a ANP constituiu Comissão Especial, com poderes para definir uma solução negociada entre as partes, que concluiu pela emissão de uma resolução sobre a tarifa e os termos e condições gerais a serem aplicados na prestação do serviço de transporte em questão.[231]

Posteriormente, houve novo conflito entre Enersil e TBG sobre transporte não firme, referente a termo aditivo ao contrato, e também entre TBG e a então British Gas do Brasil (BG), sendo um relacionado

[231] ZYLBERSZTAIN, David; AGEL, Sonia. A reforma do setor de petróleo de 1997: racionalidade, concepção e implementação. *In*: PIRES, Adriano, GIAMBIAGI, Fabio; VELLOZO LUCAS, Luiz Paulo (org.). **Petróleo**: reforma e contrarreforma do setor petrolífero brasileiro. Rio de Janeiro : Elsevier, 2013. p. 59-60.

ao transporte não firme e outro envolvendo acesso aos gasodutos para transporte firme.[232]

Com relação a esses conflitos posteriores, a ANP decidiu não constituir Comissão Especial e delegou poderes à então Superintendência de Comercialização e Movimentação de Gás Natural – SCG para, em primeira instância, compor e decidir sobre esses conflitos.[233]

A SCG emitiu pareceres técnicos especificando a motivação das suas decisões, e a TBG, irresignada com as decisões, recorreu à Diretoria Geral da ANP, pleiteando reexame dos pareceres, especialmente no que diz respeito às determinações a respeito de tarifa por distância, prioridades de programação de gás de uso no sistema e outras disposições dos Termos e Condições Gerais dos contratos de transporte de gás.

Com base na análise do parecer técnico do conflito envolvendo a Enersil e a TBG, é possível observar algumas questões relevantes para este trabalho, resumidas abaixo:

(a) a assinatura do contrato entre TBG e Enersil foi concretizada após a intervenção da ANP que, ao receber da Enersil a solicitação de apoio na resolução de conflito, promoveu a aproximação, facilitou a negociação entre os agentes e decidiu sobre as questões nas quais o acordo não havia sido alcançado, incluindo a fixação da tarifa a ser cobrada pelo serviço de transporte não firme;
(b) uma reunião com cada uma das partes foi realizada, tendo a ANP exposto sua posição inicial quanto aos pontos controversos para que, baseados em tais diretrizes, as partes pudessem evoluir nas negociações;

[232] Documentos relacionados aos conflitos disponíveis em: https://www.gov.br/anp/pt-br/assuntos/movimentacao-estocagem-e-comercializacao-de-gas-natural/transporte-de-gas-natural/resolucao-de-conflitos. Acesso em: 26 mar. 2022. Adicionalmente, ver ANNES, L. F. **Dispute Settlement Under the Brazilian Petroleum Agency – ANP**: A Case-law Overview Concerning the Open Access to the Bolivia-Brazil Natural Gas Pipeline. *In*: Cadernos do Programa de Pós-Graduação em Direito – PPGDir./UFRGS, [S. l.], v. 2, n. 5, 2014. Disponível em: https://seer.ufrgs.br/index.php/ppgdir/article/view/49549. Acesso em: 15 out. 2022.

[233] BRASIL. **Portaria nº 8, de 18 de janeiro de 2001**. Delega à Superintendência de Comercialização e Movimentação de Gás Natural, poderes para, em primeira instância, compor e decidir sobre os conflitos instaurados entre a ENERSIL/BG BRASIL e TBG, no que se refere ao transporte firme e não firme de curto prazo através do gasoduto Bolívia-Brasil, no prazo de 60 dias, a contar da publicação desta Portaria. Rio de Janeiro: ANP, 2001.

(c) foram realizadas reuniões entre a equipe técnica da SCG e da TBG;
(d) as partes prosseguiram com as negociações e apresentaram suas posições posteriormente à ANP, incluindo pontos acordados e pontos ainda em desacordo; e
(e) a ANP considerou os princípios norteadores para a resolução do conflito, com base em disposições da Lei do Petróleo (incrementar, em bases econômicas, a utilização do gás natural; promover a livre concorrência, atrair investimentos na produção de energia; livre acesso aos dutos de transporte) e na regulamentação emitida pela própria ANP sobre acesso. Assim, identificou os objetivos centrais na formulação da resolução do conflito (incentivo e garantia de uma utilização eficiente da infraestrutura existente; promoção da concorrência através da eliminação de barreiras à entrada no mercado de gás natural; tratamento não discriminatório; e incentivos a investimentos em infraestrutura).

A SCG e a Procuradoria Geral da ANP emitiram nota técnica com vistas a subsidiar a decisão da Diretoria Geral sobre o recurso da TBG, tendo a Diretoria acatado integralmente a nota técnica.

Os mesmos princípios nortearam a resolução de conflitos entre BG e TBG. Todavia, enquanto o conflito envolvendo a contratação de transporte não firme foi bastante similar aos conflitos envolvendo a Enersil, o conflito referente à contratação de serviço de transporte firme pela BG demandou análises adicionais da ANP e recomendações, muitas das quais têm sido de fato implementadas somente no passado recente.

Em resumo, a SCG (i) sinalizou que a real efetivação do livre acesso, necessário para viabilizar a competição na oferta de gás natural, depende da imposição de limites à participação acionária de carregadores do capital votante de transportadores; (ii) decidiu instaurar um processo de auditoria na TBG com o objetivo de verificar dados de capacidade do gasoduto; (iii) estabeleceu o prazo de até o dia 31 de dezembro de 2001 para que a TBG adequasse suas relações contratuais com a Petrobras, de forma a explicitar capacidades contratadas por ponto de entrega; e (iv) determinou que a TBG oferecesse à BG contrato de transporte firme para os anos de 2001 e 2002, conforme as capacidades, prazos e tarifas estabelecidas no parecer.

Tanto BG quanto TBG solicitaram revisão do parecer da SCG. Por um lado, a BG solicitou à Diretoria da ANP que determinasse a oferta de capacidade firme de curto prazo até dezembro de 2003 e a eliminação da figura dos "contratos de interligação, com o consequente arbitramento de uma remuneração a ser paga pelos carregadores ao carregador original para o uso das instalações de interligação."

Por outro, a TBG solicitou reconsideração no que diz respeito à adequação dos contratos então vigentes, visto que a adequação ou alterações dependeria da intenção de ambos os signatários (TBG e Petrobras), e à oferta de serviço firme à BG, sob o argumento de que não haveria capacidade disponível naquele momento dado a não aprovação pelo Conselho de Administração da Petrobras de aditivos negociados no decorrer de 1999 e de 2000, resultando em impossibilidade da TBG ofertar capacidade firme aos agentes conforme determinado pela SCG em razão de seus contratos tomarem toda a sua capacidade instalada entre os anos 2000 e 2004.

Novamente foi emitida nota técnica conjunta da SCG e da Procuradoria Geral da ANP, recomendando reforma parcial da decisão e acolhendo parcialmente os recursos, no sentido de acatar a solicitação da BG quanto à eliminação da figura dos contratos de interligação dos TCG, observando-se (i) que a alocação dos efetivos recebimento e entregas de gás se dessem de forma *pro rata* aos volumes programados para cada carregador em cada ponto de recepção e entrega, até que as partes acordassem melhor forma de alocação; e (ii) que os novos carregadores pagassem a parte *pro rata* do encargo de interligação aplicável às instalações utilizadas pela BG, devendo a TBG cobrar da BG encargo referente à capacidade contratada em cada ponto de recepção e entrega, e repassar os valores pagos pela BG ao carregador original (Petrobras) de forma a reembolsá-lo pelas instalações não utilizadas. Foi também determinada a comunicação à Petrobras sobre a necessidade de adequar os contratos então vigentes de forma a considerar as capacidades contratadas por ponto de entrega.

A Diretoria Geral acolheu integralmente as recomendações da nota técnica e, considerando o Programa Emergencial de Termelétricas e o risco de déficit de energia no país, reformar, parcialmente, a decisão de primeira instância, no sentido de determinar que, verificada a impossibilidade de continuação do serviço de transporte firme oferecido pela TBG à BG para o ano de 2003, a prestação do serviço tenha continuidade sob a modalidade de serviço de transporte não firme, caso houvesse interesse do contratante.

Conforme relatado na Nota Técnica nº 01-2002, é importante registrar que após a solução do conflito, a partir da vigência do contrato de transporte firme, foi verificado que as quantidades programadas pela TBG nos pontos de entrega compartilhados foram efetivamente superiores àquelas efetivamente movimentadas nesses mesmos pontos, tendo sido o excedente na programação atribuído pela BG à Petrobras, o que foi confirmado pela Petrobras. Constatou-se descasamento elevado entre quantidades programadas pela TBG para a Petrobras e quantidades requisitadas pela COMGÁS, distribuidora no Estado de São Paulo, à Petrobras.

A mesma nota técnica indica que essa prática de requisição superior pela Petrobras resultou em desequilíbrio positivo no gasoduto, com aumento do volume de gás de "empacotamento", aumentando a pressão do sistema e com repercussões diretas no sistema de transporte do lado boliviano, ao limitar a capacidade de injeção de gás na fronteira. A Petrobras justificou a sobre-nominação com base nas fortes oscilações do consumo diário de gás das termelétricas do Programa Prioritário de Termelétricas – PPT e nas pesadas penalidades contratuais em caso de falha no suprimento de gás. Assim, a Petrobras teria buscado manter um estoque de gás natural no gasoduto Bolívia-Brasil para permitir, com segurança, o atendimento das solicitações dos clientes.

O resultado disso, somado a regras de prioridade diferentes no lado boliviano, foi que a BG, na maior parte das vezes, ficou impedida de injetar seu gás no sistema de transporte.

Não obstante as propostas de solução do problema no lado brasileiro, onde os agentes são regulados pela ANP, a ANP concluiu em sua nota técnica uma realidade prática, de que "uma proposta de caráter técnico não elimina a possibilidade de existência de fatores comportamentais por parte de determinados agentes para impedir ou dificultar a entrada de novas empresas no mercado de gás natural no Brasil"[234]. A ANP indicou ainda estar atenta para identificar eventuais práticas abusivas e a possibilidade de agir, em conjunto com os órgãos de defesa a concorrência, caso necessário.

[234] BRASIL. **Nota Técnica 01/02 – SCG**. Livre acesso ao gasoduto Bolívia-Brasil: contrato de transporte firme de curto prazo assinado entre TBG e BG. ANP: Rio de Janeiro, 2002. Disponível em: https://www.gov.br/anp/pt-br/assuntos/movimentacao-estocagem-e-comercializacao-de-gas-natural/transporte-de-gas-natural/resolucao-de-conflitos. Acesso em: 26 mar. 2022.

Ao analisar esses quatro casos de solução de conflito pela ANP, Lucas Annes considera que o papel da ANP como responsável pela solução da disputa foi de extrema importância para assegurar a garantia do livre acesso, e que todas as decisões foram baseadas na legislação aprovada pelo Congresso e pela própria agência.[235]

Vale mencionar que o momento de mercado era outro, com a Petrobras detendo o controle da transportadora TBG, a totalidade da capacidade do gasoduto conforme mencionado acima e contrato de importação de gás com a Bolívia em volume substancialmente similar à capacidade. Além disso, o país passava por uma crise energética em razão da hidrologia, tendo sido necessária a estruturação e implementação do referido programa emergencial de termelétricas, também conhecido como PPT em que a Petrobras foi identificada como a fornecedora do gás.

O momento atual é de abertura de mercado e potencial aumento da competitividade do setor de gás. A Petrobras obrigou-se, perante o CADE, a alienar sua participação majoritária na TBG, e o maior contrato de transporte de gás, relativo a 18MMm3/dia de capacidade foi encerrado em 2019, de forma que o gasoduto passou a ter cerca de 60% da sua capacidade disponível. Nesse sentido, a TBG promoveu processos de chamada pública para a alocação de capacidade na modalidade entrada e saída.

De acordo com TBG[236], Transportadora Associada de Gás S.A. – TAG[237] e Nova Transportadora do Sudeste S.A. – NTS[238], essas transportadoras já assinaram contratos de transporte com outros carregadores, passando a não ter mais apenas a Petrobras como cliente.

[235] ANNES, L. F. **Dispute Settlement Under the Brazilian Petroleum Agency – ANP**: A Case-law Overview Concerning the Open Access to the Bolivia-Brazil Natural Gas Pipeline. *In*: Cadernos do Programa de Pós-Graduação em Direito – PPGDir./UFRGS, [S. l.], v. 2, n. 5, 2014. Disponível em: https://seer.ufrgs.br/index.php/ppgdir/article/view/49549. Acesso em: 15 out. 2022. p. 350.

[236] Disponível em: https://www.tbg.com.br/-/tbg-e-delta-geração-celebram-primeiro--contrato-de-transporte-de-gás-na-modalidade-diário-do-mercado-nacional. Acesso em: 27 abr. 2022.

[237] Disponível em: https://ntag.com.br/press-releases/tag-e-unigel-fecham-acordo-de--transporte-de-gas-para-fabricas-de-fertilizantes-na-bahia-e-em-sergipe/. Acesso em: 27 abr. 2022.

[238] Disponível em: https://nts-v2-staging.s3.amazonaws.com/media/downloads/Anexo_2.8_-_Contratos_de_Serviço_de_Transporte_29_03_22.pdf. Acesso em: 27 abr. 2022.

Como já mencionado, a solução dessas controvérsias pela ANP não eliminou todos os problemas envolvidos na disputa, até mesmo em razão de questões estruturais do setor e peculiaridades da infraestrutura específica, construída para viabilizar a importação de gás natural, havendo atividades e condutas do outro lado da fronteira com potencial de impacto no lado brasileiro.

Patrícia Sampaio registra que o mesmo caso "foi objeto de investigação por potencial abuso de posição dominante" no CADE, tendo o então Conselheiro Carlos Ragazzo apontado a característica da atividade como de monopólio natural.[239] Nesse sentido, ressaltou que:

> A possibilidade de o transportador monopolista também atuar nas cadeias à jusante (como carregador ou distribuidor, por exemplo) torna a regulação de acesso ainda mais relevante. Por um lado, essa integração vertical justifica-se em razão dos riscos do negócio. De fato, em face dos altos custos de investimento inerentes à atividade de transporte, o investidor monopolista procura assegurar previamente a demanda do produto, diminuindo seus riscos. A diluição dessas incertezas reflete-se em uma menor pressão sobre os preços do serviço e contribui para incentivar a capacidade de investimentos no setor. Por outro lado, tal integração vertical gera incentivos para que o fornecedor monopolista discrimine seus concorrentes nos mercados à jusante, em flagrante prejuízo ao ambiente concorrencial e aos consumidores.
>
> A regulação de livre acesso, portanto, deve ser construída de tal modo a manter um ambiente de competição saudável nos segmentos em que isso é possível, assim contribuindo para menores preços e melhores serviços, ao mesmo tempo em que garanta um retorno aos agentes e mantenha os incentivos a investimentos no setor.[240]

[239] SAMPAIO, Patrícia Regina Pinheiro. **Regulação e concorrência nos setores de infraestrutura**: análise do caso brasileiro à luz da jurisprudência do CADE. Tese de doutorado. USP, 2012. p. 255, respectivamente. Disponível em: https://www.teses.usp.br/teses/disponiveis/2/2139/tde-27082013-143232/publico/Tese_Patricia_Regina_Pinheiro_Sampaio.pdf. Acesso em: 21 maio 2022.

[240] BRASIL. Processo administrativo 0812.002692/2002-73, Rel. Conselheiro Carlos Ragazzo, j. em 25.03.2009. Brasília: CADE, 2009. Disponível em: https://bibliotecadigital.fgv.br/ojs/index.php/rda/article/view/8056/6845. Acesso em: 22 maio 2022.

Patrícia Sampaio salienta que o ordenamento jurídico exigia o acesso, mas "não explicitava o preço e as condições sob as quais esse compartilhamento deveria ocorrer."[241] Cita novamente o então Conselheiro Ragazzo, no sentido de que não se encontrava resposta na legislação que "(i) indicasse como se daria o acesso, (ii) em que casos uma recusa de fornecimento poderia ou não ser justificada, (iii) o que viria a ser uma remuneração 'adequada", além de outros fatores relacionados."[242]

Exceto pelos poucos conflitos tratados acima envolvendo acesso ao GASBOL, no início dos anos 2000, fato é que a agência não foi chamada a arbitrar muitos conflitos no setor de gás até o presente momento, possivelmente em razão da participação da Petrobras em diversos segmentos da cadeia.

Não obstante, podem ser percebidos diversos benefícios nessa atuação da ANP. A começar pela disponibilidade dos documentos relevantes na própria página da agência, possibilitando que agentes e interessados analisem o caso a partir das notas técnicas e pareceres emitidos. Verifica-se também que foi possível, durante o processo de solução da controvérsia, reduzir as matérias controversas a partir dos esclarecimentos às partes, limitando-se a arbitragem regulatória aos itens que restaram controversos.

Além disso, desde então já havia a constatação da agência de que determinadas práticas de contratação deveriam ser alteradas, ainda que não fosse possível implementar todas as medidas recomendadas naquele momento. Nota-se, portanto, o caráter prospectivo de que se tratou anteriormente na atuação da agência.

Cabe ainda o registro de que o simples relato dessas soluções de conflito já traz conceitos e medidas bastante próprias do setor de gás, de compreensão mais difícil para aqueles não envolvidos com o setor. Será que o Judiciário ou mesmo um tribunal arbitral teria condições de analisar com a mesma profundidade e abrangência as questões e, ainda, com uma abordagem prospectiva?

[241] SAMPAIO, Patrícia Regina Pinheiro. **Regulação e concorrência nos setores de infraestrutura**: análise do caso brasileiro à luz da jurisprudência do CADE. Tese de doutorado. USP, 2012. p. 256.

[242] BRASIL. Processo administrativo 0812.002692/2002-73, Rel. Conselheiro Carlos Ragazzo, j. em 25.03.2009. Brasília: CADE, 2009. Disponível em: https://bibliotecadigital.fgv.br/ojs/index.php/rda/article/view/8056/6845. Acesso em: 22 maio 2022.

2.7. Comentários sobre a FERC

Em um exercício breve de direito comparado, e especificamente com relação à atuação da ANP, na condição de agência reguladora federal, alguns comentários sobre o modelo de atuação da FERC (*Federal Energy Regulatory Commission*) podem contribuir para os temas discutidos neste trabalho.

FERC é o regulador federal nos EUA para assuntos relacionados ao gás natural, petróleo, energia e hidroelétricas. No que diz respeito ao gás natural, são atribuições da FERC (i) a regulação de construção de instalações de transporte por dutos, estocagem, gás natural liquefeito; (ii) a regulação de transporte de gás natural no comércio interestadual; (iii) a emissão de certificados de interesse público e necessidade para empresas na prestação de serviços de energia, ou construção e operação de gasodutos interestaduais e instalações de estocagem; (iv) a regulação do abandono de instalações; (v) o estabelecimento de tarifas para serviços; (vi) a regulação do transporte de gás conforme autorizado pela *Natural Gas Policy Act* e pela *Outer Continental Shelf Lands Act*; e (vii) a supervisão da construção e operação de dutos nos pontos de entrada nos EUA para importação e exportação de gás natural.[243]

Pode-se dizer, portanto, que a FERC é o regulador federal correspondente à ANP nos EUA, no que diz respeito ao setor de gás.

De acordo com o Plano Estratégico para os anos 2022-2026[244], embora a FERC seja capaz de analisar e resolver os méritos da maior parte dos procedimentos submetidos à FERC, há casos em que a FERC determina a realização de julgamento em razão de envolverem questões controvertidas relevantes. O Plano indica que a FERC incentiva acordos quando possível, "reconhecendo valor em solução de conflitos por meios consensuais, especialmente ao reduzirem prazo, despesa e recursos da FERC e das partes que de outra forma teriam que se dedicar a um litígio."

Ainda segundo o Plano[245], os integrantes da FERC, incluindo os chamados "*administrative law judges*" (juízes administrativos), integrantes que atuam nos julgamentos e integrantes do serviço de resolução de

[243] Cf. FERC. Disponível em: https://www.ferc.gov/natural-gas. Acesso em: 7 maio 2022.

[244] FERC. **FERC Fiscal Years 2022-2026 Strategic Plan**. 2022. p. 25-26. Disponível em: https://cms.ferc.gov/media/ferc-fy22-26-strategic-plan. Acesso em: 7 maio 2022.

[245] FERC. **FERC Fiscal Years 2022-2026 Strategic Plan.** 2022. p. 25-26.

disputas (*Dispute Resolution Service* – DRS), exercem importantes papeis na solução de assuntos com o fim de evitar um litígio completo.

Essas negociações de acordo frequentemente envolvem uma ponderação de interesses conflitantes das partes e representantes de diversos interessados (*stakeholders*), incluindo agências estaduais, empresas do setor de gás, distribuidoras, usuários industriais e comerciais, comercializadores, produtores e consumidores.

Após um "juiz de acordo" (*settlement judge*)[246] ser indicado, os integrantes que atuam no julgamento e as partes realizam uma troca de informações informal para garantir o fluxo de informações necessárias para a indicação de suas posições baseadas nos fatos envolvidos. Os integrantes que atuam nos julgamentos também realizam análise das questões e desenvolvem uma detalhada oferta inicial de acordo como ponto de partida para as negociações.

O "juiz de acordo" atua como mediador para ajudar as partes no alcance de uma solução de consenso. Os integrantes da FERC responsáveis por resolução de disputas também trabalham no sentido de promover acordos em alguns casos. Durante o procedimento, o juiz reporta internamente o progresso dos procedimentos. Se um acordo é alcançado, o juiz certifica o acordo para a Comissão (*Comission*). Todos os acordos exigem revisão e

[246] Carlos Alberto de Salles comenta que "*uma interessante derivação da mediação, concebida a partir de uma correta percepção e estratégia institucional, é aquela dos chamados juízes de acordo (*settlement judges*). Esse mecanismo voltado à solução de controvérsias contratuais é adotado nos* Boards of Appeal, *que, como visto, constituem verdadeiros tribunais administrativos compostos por* administrative judges. *Essa opção, bastante utilizada, fornece às partes a possibilidade de terem como mediador um juiz especializado – portanto, ciente das tendências de decisão dos* Boards –, *com a garantia de sua não participação em eventual julgamento do caso. Trata-se, evidentemente, de uma modalidade de mediação avaliativa, na qual o mediador apresenta sua apreciação do caso para as partes, mediante prévio consentimento delas. Como o juiz de acordo ou juiz mediador não participará de futuro julgamento, ele está livre de qualquer constrangimento moral ou restrição legal para avaliar qual seria a provável decisão do caso. Com isso, ainda mais por se tratar de julgador bastante especializado, os envolvidos podem dimensionar suas chances de ganho no processo a partir de um posicionamento bastante confiável. Nesse ambiente, fácil perceber, é grande a possibilidade de acordo.*" (SALLES, Carlos Alberto de. A solução consensual de controvérsias administrativas: o caso do Governo federal norte-americano. *In*: ÁVILA, Henrique; WATANABE, Kazuo; NOLASCO, Rita Dias; XAVIER, Trícia Navarro. **Desjudicialização, justiça conciliativa e poder público** (Coord.). São Paulo: Thomson Reuters Brasil, 2021. p. 203)

aprovação pela Comissão, órgão basicamente equivalente à Diretoria da ANP.[247]

Em caso de impasse, as negociações podem continuar com os integrantes que atuam no julgamento. No entanto, se não for possível chegar a um consenso, o principal juiz administrativo indica um juiz administrativo da equipe para presidir e conduzir o julgamento e emitir uma decisão inicial. Durante os procedimentos com o juiz de acordo, os integrantes que atuam nos julgamentos da FERC também desempenham um papel vital assessorando as partes na busca de um consenso, tanto durante como em paralelo às audiências ou após as negociações terem chegado a um impasse. Adicionalmente, a equipe de julgamento utiliza sua experiência e capacidade de negociação para estruturar a resolução de vários assuntos que podem ser decididos para garantir um acordo que seja coerente com o interesse público e aceitável por todas as partes.[248]

De acordo com o Plano Estratégico, o impacto desse processo se resume a: (i) limitar o tempo, despesa e recursos da Comissão e das partes no litígio; (ii) reduzir as chances de que as decisões da Comissão sejam objeto de recurso ao Judiciário; (iii) aumentar a segurança jurídica para os negócios, o que facilita investimentos necessários em infraestrutura de energia; (iv) oferecer aos usuários tarifas justas e razoáveis e termos e condições de serviço de forma tempestiva.[249]

McCarthy Gallagher, Miles e Purdy[250] destacam a relevância da independência dos integrantes encarregados de resoluções de disputas. Segundo os autores, apenas algumas agências nos EUA possuem um departamento totalmente dedicado à promoção de ADR para disputas regulatórias. Mencionam como exemplo a *Environmental Protection Agency* (EPA), que atua nesse propósito por meio da *Conflict Prevention and Resolution Center*, vinculada ao *Office of the General Counsel*. Outro exemplo citado é a *Federal Maritime Commission* (FMC), que regula e promove o serviço de transporte marítimo justo, eficiente e seguro. Nesse caso o

247 FERC. **FERC Fiscal Years 2022-2026 Strategic Plan.** 2022. p. 25-26.

248 FERC. **FERC Fiscal Years 2022-2026 Strategic Plan.** 2022. p. 25-26.

249 FERC. **FERC Fiscal Years 2022-2026 Strategic Plan.** 2022. p. 25-26.

250 MCCARTHY GALLAGHER, Deirdre; MILES, Richard L.; PURDY, Jerrilynne. **Alternative dispute resolution in the regulatory process.** East Lansing: Michigan State University Press, 2020. p. 59-60.

departamento de ADR está vinculado ao *Office of Consumer Affairs and Dispute Resolution Services*.

Os autores indicam que a existência de um departamento independente de ADR na agência reguladora é de grande valor, ao ratificar a separação entre os departamentos encarregados dos processos decisórios em geral e o departamento neutro de resolução de disputas. Além disso, reforça o compromisso da agência com ADR, com integrantes e recursos dedicados, assim como autonomia para fazerem o necessário para institucionalizar a ADR na agência.

Nesse sentido, cabe destacar que em 1999 a FERC estabeleceu o *Dispute Resolution Service (DRS)*, composto por um time dedicado e orientado a suprir as necessidades das partes na resolução alternativa de disputas envolvendo ou impactadas por regulações da FERC. Os integrantes deveriam ser neutros, não envolvidos em processos decisórios nem tampouco advogados atuantes em posições defendidas nesses casos ou investigadores, de forma que são proibidos de participar ou assessorar nas questões controversas pendentes perante a FERC.[251]

Algumas características podem ser destacadas com relação ao DRS da FERC:[252]

(a) as partes não abrem mão de quaisquer direitos processuais ao participar do processo de ADR;
(b) o representante da DRS ajuda as partes a entenderem os diferentes processos de ADR disponíveis, responde aos questionamentos das partes e reforça que as partes não comprometem o *status* dos seus casos ao explorarem opções alternativas de acordo;
(c) uma vez selecionado um procedimento, usualmente a mediação, um membro neutro é indicado, seja um representante do DRS, um juiz administrativo (*administrative law judge*) ou um terceiro de fora da FERC;

[251] MCCARTHY GALLAGHER, Deirdre; MILES, Richard L.; PURDY, Jerrilynne. **Alternative dispute resolution in the regulatory process**. East Lansing: Michigan State University Press, 2020. p. 60-61.

[252] MCCARTHY GALLAGHER, Deirdre; MILES, Richard L.; PURDY, Jerrilynne. **Alternative dispute resolution in the regulatory process**. East Lansing: Michigan State University Press, 2020. p. 61-63.

(d) o representante do DRS atua como facilitador, trabalhando com as partes para que se afastem das suas posições e pensem sobre como podem trabalhar juntas para satisfazerem seus interesses de curto e longo prazos. Se as partes optam por uma abordagem mais avaliativa, podem escolher um juiz de acordo ou um especialista independente na questão para conduzir uma avaliação neutra inicial.

De acordo com os autores, desde o início, o DRS monitorou seus resultados, sendo citado como exemplo o fato de que nos primeiros 10 (dez) anos de existência, o DRS recebeu mais de 500 pedidos e solicitações para questões relacionadas à energia e ao meio ambiente, tendo facilitado mais de 350 eventos externos e guiado as partes em mais de 227 procedimentos de disputas. A taxa de acordos chegou a aproximadamente 86%. Casos envolvendo gasodutos foram especialmente bem sucedidos, com uma taxa de acordo média de 90%.

FERC teria ainda, segundo os autores, contratado a *Harvard Negotiation and Mediation Clinical Program* para receber informações das partes que utilizaram os processos de ADR da FERC, com resultados satisfatórios e sugestões de ampliação dos serviços do DRS para outros projetos e procedimentos envolvendo a FERC.[253]

Não obstante o alerta de Sergio Guerra de que a função judicante das agências reguladoras brasileiras é diversa da função adjudicatória das similares norte-americanas, em que há participação de um juiz administrativo (*administrative law judge*) em muitos casos[254], os procedimentos adotados pela FERC não devem ser de todo ignorados.

A partir da análise dos elementos mencionados acima, resta clara a preocupação com a imparcialidade dos integrantes do regulador envolvidos na solução de controvérsias, com atuação em departamento destacado de outros da entidade reguladora, ao contrário do que se observou nas soluções de disputas anteriores pela ANP, em que a então

[253] MCCARTHY GALLAGHER, Deirdre; MILES, Richard L.; PURDY, Jerrilynne. **Alternative dispute resolution in the regulatory process**. East Lansing: Michigan State University Press, 2020. p. 64-65.

[254] GUERRA, Sérgio. **Agências Reguladoras**: da organização administrativa piramidal à governança em rede. 2. ed. Belo Horizonte: Fórum, 2021. p. 306.

SCG (hoje Superintendência de Infraestrutura e Movimentação – SIM), superintendência responsável pela fiscalização e autuação dos agentes de movimentação de gás, atuou para dirimir a disputa.[255]

Como já discutido anteriormente, especialmente no caso de atuação na conciliação ou mediação, tão relevante quanto o conhecimento do setor e do objeto da controvérsia, assim como suas repercussões na regulação setorial, é a capacidade do mediador ou conciliador em facilitar o diálogo das partes e a busca por soluções.

A atuação como conciliador ou mediador, portanto, requer experiência e treinamentos que diferem daqueles necessários ao fiscalizador ou ao árbitro ou decisor. Nota-se que um dos objetivos mencionados pela FERC é justamente reduzir as chances de que as decisões da Comissão sejam objeto de recurso ao Judiciário.

Para tanto, podem contribuir não apenas a satisfação das partes com o acordo alcançado, como também a percepção de legitimidade, imparcialidade e justiça do processo pelo qual a solução foi alcançada.

Outro aspecto de grande relevância mencionado acima diz respeito à segurança de que, ao negociarem e explorarem alternativas, as partes não abrem mão dos direitos e não comprometem o *status* dos seus casos. Como já discutido, percebe-se em nosso país uma tendência de tribunais a considerarem que os termos de um acordo proposto indicam reconhecimento de responsabilidade pela parte.

Tanto é assim que foi aprovado o já citado Enunciado 208 na II Jornada Prevenção e solução extrajudicial de litígios, em que se afirma que "a apresentação de uma proposta de acordo, antes ou durante o litígio, por si só, não pode ser interpretada como reconhecimento do direito da parte contrária nem como indício de plausibilidade do direito por ela alegado."

255 "Fiscalizar é verificar, por qualquer meio ou processo, a juridicidade do exercício das atividades privadas sujeitas ao poder de polícia. Como competência administrativa intrusiva na vida privada, deve decorrer de previsão legal expressa ou estar razoavelmente implícita nas competências para impor a conformação da liberdade e da propriedade ou reprimir sua infração. Além disso, toda fiscalização está sujeita ao dever de proporcionalidade, por isso que só pode valer-se de medida apta e estritamente necessária para alcançar o objetivo legal, falecendo validade jurídica a qualquer ato excessivo e inadequado praticado pelos agentes administrativos." (BINENBOJM, Gustavo. **Poder de polícia, ordenação, regulação**: transformações político-jurídicas, econômicas e institucionais do direito administrativo ordenador. 3. ed. Belo Horizonte: Fórum, 2020. p. 107-108.)

Isso se faz ainda mais necessário quando a solução da controvérsia se dá por intermédio do regulador, também responsável pela fiscalização e aplicação de sanções aos agentes. É preciso separar as atividades em alguma medida, não obstante as limitações orçamentárias e organizacionais, e reconhecer expressamente essa ausência de contaminação entre as propostas e o direito das partes, para que possam confiar na agência e, assim, confiar à agência a solução dos conflitos.

3.
SOLUÇÃO DE CONFLITOS NO SETOR DE GÁS NO BRASIL

Uma vez discutidas as características dos mecanismos de solução adequada de conflitos, e as complexidades envolvidas em conflitos envolvendo setores regulados, de forma geral, é o momento de tratar da indústria de gás e de suas peculiaridades no Brasil, com o objetivo de verificar em que medida os mecanismos de solução adequada de conflitos podem ser úteis ao setor neste momento de abertura.

Até 1997, o monopólio constitucional da União para o exercício das atividades elencadas no artigo 177 da Constituição Federal de 1988 era, praticamente[256], sinônimo do monopólio legal de uma única empresa, a Petrobras, sociedade de economia mista federal criada pela Lei nº 2.004, de 3 de outubro de 1953[257], revogada pela Lei do Petróleo.

A flexibilização do monopólio constitucional da União ocorreu a partir da Emenda Constitucional nº 9, de 9 de novembro de 1995[258], que deu

[256] O artigo 45 do Ato das Disposições Constitucionais Transitórias excluiu do monopólio estabelecido pelo art. 177, II, da Constituição as refinarias em funcionamento no País amparadas pelo art. 43 e nas condições do art. 45 da Lei nº 2.004, de 3 de outubro de 1953.

[257] BRASIL. **Lei nº 2.004, de 3 de outubro de 1953.** Dispõe sobre a Política Nacional do Petróleo e define as atribuições do Conselho Nacional do Petróleo, institui a Sociedade Anônima, e dá outras providências. Rio de Janeiro, RJ: Presidência da República, 1953. Disponível em: http://www.planalto.gov.br/ccivil_03/leis/l2004.htm. Acesso em: 26 mar. 2022.

[258] BRASIL. **Emenda Constitucional nº 9, de 9 de novembro de 1995.** Dá nova redação ao art. 177 da Constituição Federal, alterando e inserindo parágrafos. Brasília, DF: Mesas da

nova redação ao § 1º do artigo 177 da Constituição Federal: "A União poderá contratar com empresas estatais ou privadas a realização das atividades previstas nos incisos I a IV deste artigo observadas as condições estabelecidas em lei."

A Lei do Petróleo foi promulgada quase dois anos depois. Estabeleceu as condições de contratação de empresas estatais ou privadas para a realização dessas atividades, e instituiu o Conselho Nacional de Política Energética (CNPE) e a ANP, originalmente sob a denominação de Agência Nacional do Petróleo, demonstrando o papel preponderante do petróleo sobre o gás no Brasil, como será discutido adiante.[259]

O fim do monopólio legal da Petrobras em 1997, todavia, não resultou no fim imediato da sua posição dominante em diversos segmentos do setor de petróleo e, especialmente, no setor de gás, caracterizando-se um monopólio de fato.

Embora tenha sido possível a introdução de novos agentes no segmento de exploração e produção (*upstream*), por meio das rodadas de licitação promovidas pela ANP para a outorga de concessão para essas atividades, um início de pluralidade de agentes no segmento *upstream* não resultou em diversidade de supridores de gás ao mercado nacional até recentemente.[260]

Câmara dos Deputados e do Senado Federal, 1995. Disponível em: http://www.planalto.gov.br/ccivil_03/constituicao/emendas/emc/emc09.htm. Acesso em: 26 mar. 2022.

[259] Como registra Alexandre Aragão, "a edição da Lei nº 11.909/2009 [Lei do Gás de 2009] adveio da necessidade de complementação da disciplina do setor de gás, excessivamente lacônica na medida em que, anteriormente, se resumia aos arts. 56 a 59 da Lei do Petróleo (Lei nº 9.478/1997), e à regulamentação editada pela Agência Nacional do Petróleo, Gás Natural e Biocombustíveis (ANP). De fato, essa mesma agência já havia sinalizado a insuficiência da normatização anteriormente vigente, em estudo realizado em 2004 pela Superintendência de Comercialização e Movimentação de Gás Natural e intitulado 'Organização da indústria brasileira de gás natural e abrangência de uma nova legislação'." (ARAGÃO, Alexandre Santos de. **Direito do Petróleo e do Gás**. Belo Horizonte: Fórum, 2021. p. 256.)

[260] O mesmo se deu com o setor de combustíveis, cf. BUAIZ NETO, José Alexandre; SILVEIRA LOBO, Marcello Portes da. **Livre concorrência no mercado de combustíveis, meta para 2020?** Disponível em: https://www.pinheironeto.com.br/publicacoes/livre-concorrencia-no-mercado-de-combustiveis-meta-para-2020. Acesso em: 21 maio 2022. No mesmo sentido, BUAIZ NETO, José Alexandre; SILVEIRA LOBO, Marcello Portes da; MONTEIRO, Mariana Pires. **Concorrência no refino: uma transição negociada.** Disponível em: https://www.pinheironeto.com.br/publicacoes/concorrencia-no-refino-uma-transicao-negociada. Acesso em: 22 maio 2022.

Como será discutido de forma mais detalhada, contribuíram para esse quadro a detenção da infraestrutura de escoamento, processamento e transporte pela Petrobras, diretamente ou por meio de sociedades controladas, e sua participação em companhias distribuidoras locais de gás até meados de 2022, entre outros fatores.[261]

Esse cenário começou a mudar a partir do início de 2015, quando a Petrobras revisou seu plano de desinvestimento, parte do planejamento financeiro da empresa com os objetivos de redução da alavancagem, preservação do caixa e concentração em investimentos prioritários, notadamente de produção de óleo & gás no Brasil em áreas de elevada produtividade e retorno.[262] O plano de desinvestimento previu a alienação de ativos e investidas no valor total de US$13,7 bilhões para o biênio 2015-2016, sendo 40% relativos à área de Gás & Energia.

Se, por um lado, foi celebrada a já atrasada redução de participação da Petrobras nesse mercado, os desinvestimentos realizados pela Petrobras no setor de gás a partir de 2015 provocaram preocupações e discussões sobre a necessidade de um novo marco legal para o setor de gás, o que só se concretizou alguns anos mais tarde, com a aprovação da Nova Lei do Gás em 2021[263].

[261] PRADE, Yanna. A liberalização do mercado e a flexibilidade na indústria de gás no Brasil. *In:* ALMEIDA, Edmar Luiz Fagundes de; PRADE, Yanna Clara; ALMEIDA, José Ricardo Uchôa Cavalcanti (Org.). **Flexibilidade na indústria de gás natural** : mecanismos e estratégias para apoiar a concorrência no mercado brasileiro; organização. 1ª ed. Rio de Janeiro : Synergia, 2021. p. 161.

[262] PETROBRAS. **Fato Relevante** : Revisão do Plano de Desinvestimento. Rio de Janeiro, RJ: Petrobras. Disponível em: https://mz-filemanager.s3.amazonaws.com/25fdf098-34f5-4608-b7fa-17d60b2de47d/comunicados-ao-mercadocentral-de-downloads/974dac50811a5083171f73a6b70322d7475b9acbef66c20aa0ed61045517b563/fato_relevante_revisao_do_plano_de_desinvestimento.pdf. Acesso em: 26 mar. 2022.

[263] BRASIL. **Lei nº 14.134, de 8 de abril de 2021.** Dispõe sobre as atividades relativas ao transporte de gás natural, de que trata o art. 177 da Constituição Federal, e sobre as atividades de escoamento, tratamento, processamento, estocagem subterrânea, acondicionamento, liquefação, regaseificação e comercialização de gás natural; altera as Leis nºs 9.478, de 6 de agosto de 1997, e 9.847, de 26 de outubro de 1999; e revoga a Lei nº 11.909, de 4 de março de 2009, e dispositivo da Lei nº 10.438, de 26 de abril de 2002. Brasília, DF: Presidência da República, 2021. Disponível em: http://www.planalto.gov.br/ccivil_03/_ato2019-2022/2021/lei/L14134.htm. Acesso em: 26 mar. 2022.

Essas discussões ocorreram, inicialmente, sob a iniciativa conhecida como Gás para Crescer[264] e, posteriormente, sob o programa Novo Mercado de Gás[265].

Na prática, o Programa Novo Mercado de Gás busca transformar uma indústria que tradicionalmente foi organizada e operada por uma só empresa (Petrobras) em uma indústria orientada pelo mercado e operada por múltiplos atores.[266]

Paralelamente à decisão corporativa da Petrobras, a ANP e o CADE, encarregado de defesa da concorrência, emitiram notas técnicas[267] sobre

[264] Conforme apresentado pelo MME, "a iniciativa Gás para Crescer foi lançada em 24 de junho de 2016 com o objetivo de estudar e elaborar propostas para manter o adequado funcionamento do setor de gás, diante de um cenário de redução da participação da Petrobras. Essa possibilidade representa oportunidade de diversificação dos agentes do setor e aumento da competição, merecendo atenção do poder concedente e dos órgãos responsáveis pelo planejamento e regulação energética, para mitigar riscos de ordem regulatória sem representar entraves desnecessários à entrada de novos agentes, atraindo, assim, investimentos importantes para o País." Disponível em: http://antigo.mme.gov.br/web/guest/secretarias/petroleo-gas-natural-e-biocombustiveis/acoes-e-programas/programas/gas-para-crescer. Acesso em: 26 mar. 2022.

[265] Segundo o MME, "o Novo Mercado de Gás é o programa do Governo Federal que visa à formação de um mercado de gás natural aberto, dinâmico e competitivo, promovendo condições para redução do seu preço e, com isso, contribuir para o desenvolvimento econômico do País. Coordenado pelo Ministério de Minas e Energia e desenvolvido em conjunto com a Casa Civil da Presidência da República, o Ministério da Economia, a Agência Nacional do Petróleo, Gás Natural e Biocombustíveis (ANP), a Empresa de Pesquisa Energética (EPE) e o Conselho Administrativo de Defesa Econômica (Cade), o Programa abrange medidas para todos os elos da cadeia de valor do gás natural, desde o escoamento da produção até a distribuição, respeitando a competência dos Estados para a regulação dos serviços locais de gás canalizado. As medidas visam ao uso mais eficiente das infraestruturas existentes, à atração de novos investimentos e à promoção da concorrência no mercado de gás natural." Disponível em: https://www.gov.br/mme/pt-br/assuntos/secretarias/petroleo-gas-natural-e-biocombustiveis/novo-mercado-de-gas. Acesso em: 26 mar. 2022.

[266] ALMEIDA, Edmar Fagundes de; PRADE, Yanna; ALMEIDA, José Ricardo Uchôa Cavalcanti (Org.). **Flexibilidade na indústria de gás natural**: mecanismos e estratégias para apoiar a concorrência no mercado brasileiro. 1ª ed. Rio de Janeiro: Synergia, 2021. p. 2.

[267] Algumas dessas notas técnicas podem ser acessadas em: http://www.anp.gov.br/images/central-de- conteudo/notas-estudos-tecnicos/notas-tecnicas/nota-tecnica-14-2018-sim.pdf http://www.anp.gov.br/arquivos/central-conteudos/nt/nota-tecnica-155-2019.pdf http://www.anp.gov.br/images/central-de-conteudo/notas-estudos-tecnicos/notas-tecnicas/nota- tecnica-04-2018-sim.pdf https://sei.cade.gov.br/sei/modulos/pesquisa/md_pesq_documento_consulta_externa.php?DZ2uWeaY icbuRZEFhBt-n3BfPLlu9u7ak QAh8mpB9yN_IRbjWKBeCG2FrvcQ4w8F80c8mBfYP5zBmAh- Pk9K2s7kyQdfBJzfk

a necessidade de ampliação da concorrência no setor de gás. Em 2019, foi assinado Termo de Compromisso de Cessação de Prática entre Petrobras e CADE, sendo a ANP parte interveniente, por meio do qual a empresa assumiu compromissos de desinvestimento e também de cessação de determinadas práticas comerciais até o final de 2022 para ampliar a concorrência do setor.[268]

No mesmo ano de 2019, o CNPE editou a Resolução nº 16, em que foram estabelecidas diretrizes para a promoção da livre concorrência no mercado de gás.[269]

Enquanto benéfica para a formação de preço de mercado e ampliação das opções para os consumidores e fornecedores de gás em um novo mercado que está se formando, a multiplicidade de agentes, e, consequentemente, o maior número de negócios jurídicos que serão estabelecidos por esses agentes, poderá ter como efeito colateral o potencial aumento de conflitos no setor, tanto no âmbito regulatório – entre agentes econômicos e reguladores (ou até mesmo entre reguladores), relativos às obrigações regulatórias –, como no âmbito comercial – entre agentes econômicos e relativos às obrigações contratuais.

No âmbito regulatório, a exploração de atividades por diversos agentes em regime de concorrência resulta em situações reais de conflito, que poderão envolver o compartilhamento e acesso a infraestruturas, interesses divergentes que serão manifestados em audiências e consultas públicas a respeito de novas normas, atribuição de responsabilidade em caso de incidentes, assimetria de informações, práticas anticoncorrenciais, independência entre agentes, e outros aspectos.

RQ5U5WhF7uu-FdSGnux_UEwUYZ38VzP https://sei.cade.gov.br/sei/modulos/pesquisa/md_pesq_documento_consulta_externa.php?mYbVb954 ULaAV-MRKzMwwbd5g_PuAKStTlNgP-jtcH5MdmPeznqYAOxKmGO9r4mCfJ1TXxQMN01pTgFwP LudA- uH2ukJcjNrB-h3IZCiHlgzHxo7IQ8hghQmpKVIEvbB

268 BUAIZ NETO, José Alexandre; SILVEIRA LOBO, Marcello Portes da; MONTEIRO, Mariana Pires; VARGAS, Pedro Ícaro Lopes. **Mercado de gás natural**: uma abertura negociada. Disponível em: https://www.pinheironeto.com.br/publicacoes/mercado-de-gas-natural-uma--abertura-negociada. Acesso em: 21 maio 2022.

269 A Resolução CNPE nº 16/2019 foi posteriormente revogada e substituída pela Resolução CNPE nº 3, de 7 de abril de 2022. Para mais informações, SILVEIRA LOBO, Marcello Portes da; REIS, Luccas. *Resolução CNPE nº 03/2022*: consolidação de diretrizes e as medidas de transição para o novo mercado de gás. Disponível em: https://br.lexlatin.com/opiniao/medidas-de-transicao-para-o-novo-mercado-de-gas. Acesso em: 21 maio 2022.

Por outro lado, o monopólio da Petrobras no mercado de gás brasileiro, incluindo a detenção das infraestruturas relevantes, em sua maioria utilizadas pela própria empresa e suas controladas ou coligadas, empresas pertencentes ao chamado Sistema Petrobras, permitiu que a empresa até então coordenasse a oferta e a demanda de gás no mercado brasileiro, tendo como fontes de suprimento gás nacional associado ou não associado ao petróleo, ou gás importado por dutos ou na forma de gás natural liquefeito.[270]

A potencial entrada de novos agentes evidencia os problemas de flexibilidade[271] na demanda e na oferta, de modo a garantir o suprimento[272], podendo resultar em conflitos comerciais pela falha no fornecimento, no recebimento, no transporte, fornecimento de gás não conforme com as especificações, e outros que serão abordados adiante.

Verifica-se, assim, a relevância do tema solução adequada de conflitos neste momento de abertura do setor.

3.1. Complexidades do setor de gás

A cadeia de valor do gás natural é composta por diversos segmentos com características técnicas e econômicas bastante diversas.[273]

Estes segmentos são: (i) exploração e produção do gás natural; (ii) escoamento da produção; (iii) processamento ou tratamento; (iv) transporte; (v) estocagem; (vi) distribuição; e (vii) consumo.No caso de importação de

[270] ALMEIDA, Edmar Fagundes de; PRADE, Yanna; ALMEIDA, José Ricardo Uchôa Cavalcanti. Flexibilidade na indústria de gás natural: aspectos conceituais. *In*: Edmar Luiz Fagundes de Almeida, Yanna Clara Prade, José Ricardo Uchôa Cavalcanti Almeida (Org.). **Flexibilidade na indústria de gás natural**: mecanismos e estratégias para apoiar a concorrência no mercado brasileiro; organização. 1ª ed. Rio de Janeiro: Synergia, 2021. p. 3.

[271] A Agência de Energia Internacional (IEA) define flexibilidade no mercado de gás natural como a capacidade de alterar volumes de gás natural em períodos definidos. O foco da análise da Agência são as ferramentas de flexibilidade da oferta e da demanda de gás natural, ou seja, como a flexibilidade pode ser usada para adaptar a oferta quando da demanda flutua ou para adaptar a demanda quando a oferta não é suficiente. (ALMEIDA, Edmar; PRADE, Yanna; ALMEIDA, José Ricardo (Org.). **Flexibilidade na indústria de gás natural**: mecanismos e estratégias para apoiar a concorrência no mercado brasileiro. 1ª ed. Rio de Janeiro: Synergia, 2021. p. 12.

[272] ALMEIDA, Edmar; PRADE, Yanna; ALMEIDA, José Ricardo (Org.). **Flexibilidade na indústria de gás natural**: mecanismos e estratégias para apoiar a concorrência no mercado brasileiro. 1ª ed. Rio de Janeiro: Synergia, 2021. p. 4.

[273] ALMEIDA, Edmar Fagundes de; COLOMER, Marcelo. **A indústria do gás natural: fundamentos técnicos e econômicos.** Rio de Janeiro: Synergia: FAPERJ IE/UFRJ: UFF, 2013. p. 2.

gás natural liquefeito (GNL), há ainda a liquefação, transporte por navios e regaseificação.[274]

A figura abaixo ilustra bem a cadeia de valor do gás natural, com várias das suas atividades, conforme o segmento.[275]

Figura 1 – Cadeia de Valor do Gás Natural

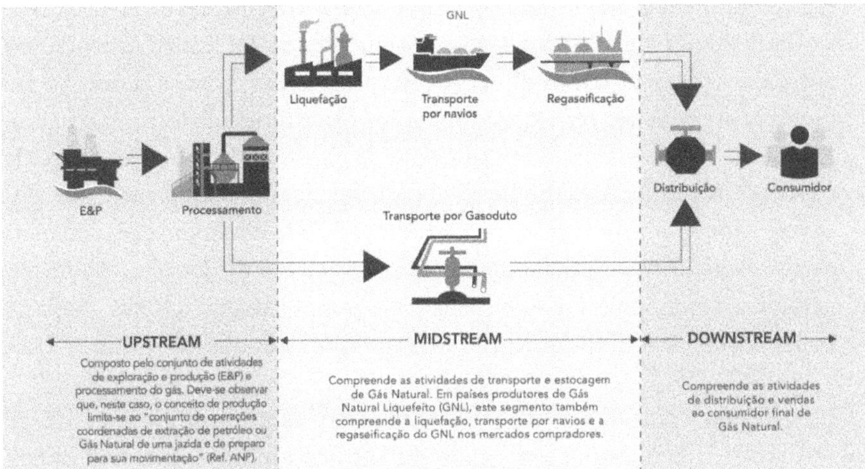

Fonte: Caderno de Gás Natural – FGV Energia

[274] Nesse sentido, "embora possamos inserir o GNL dentro da indústria de gás natural, sua cadeia produtiva apresenta particularidades técnicas, econômicas e ambientais que justificam uma análise separada. De forma geral, a cadeia produtiva do GNL tem início nas unidades de liquefação que recebem o gás natural proveniente da malha de transporte ou diretamente de campos produtores e o transformam em gás natural liquefeito através do seu resfriamento a uma temperatura de −161º C. Uma vez liquefeito, o gás natural, ou GNL, pode ser transportado por navios ou caminhões especialmente construídos para essa finalidade. Em alguns casos, o gás natural liquefeito é armazenado em estruturas de estocagem especialmente elaboradas para ser utilizado em momentos de pico de demanda (plantas de *peak shaving*). Após o transporte ou a estocagem, o GNL deve passar pelas unidades de regaseificação, que elevam a temperatura do GNL levando-o novamente ao estado gasoso antes que seja distribuído aos consumidores finais. A partir desse ponto, o gás natural é inserido na rede de transporte ou de distribuição e volta a integrar a cadeia produtiva da indústria de gás natural. (ALMEIDA, Edmar Fagundes de; COLOMER, Marcelo. **A indústria do gás natural: fundamentos técnicos e econômicos.** Rio de Janeiro: Synergia: FAPERJ IE/UFRJ: UFF, 2013. p. 99-100.)

[275] FGV. **Caderno FGV Energia**: Gás Natural. Ano 1, n. 2. Rio de Janeiro, 2014. Disponível em: https://fgvenergia.fgv.br/sites/fgvenergia.fgv.br/files/caderno_fgv_energia_-_gas_natural_ok_19_11_14_0.pdf. Acesso em: 26 mar. 2022.

Edmar Almeida, Yanna Prade e José Ricardo Almeida descrevem a indústria do gás da seguinte forma:

> é uma indústria de rede, onde produtores e consumidores estão interligados através de uma infraestrutura física composta por gasodutos, Unidades de Processamento de Gás Natural (UPGNs), estações de compressão, *citygates*, estações de medição, centrais de controle e despacho, plantas de GNL e instalações de estocagem. Esta infraestrutura em rede cria forte interdependência entre os agentes atuantes no mercado (produtores e consumidores), em função dos seguintes fenômenos econômicos: externalidades; complementariedade entre sistemas de produção e de consumo; economias de escala e escopo na produção; altos custos fixos irrecuperáveis; especificidades dos ativos; e longo prazo de maturação dos investimentos. Como consequência destas características, as atividades de transporte e de distribuição de gás natural são monopólios naturais e devem ser reguladas para evitar abuso de poder econômico dos proprietários dessas infraestruturas.[276]

Percebe-se facilmente que são inúmeras as complexidades desse relevante setor econômico em qualquer lugar do mundo. Mas, no Brasil, as complexidades do setor de gás não param por aí.

O Brasil possui algumas peculiaridades adicionais e relevantes, que dificultam o casamento entre a oferta e a demanda de gás natural, especialmente a produção majoritariamente baseada em campos de gás associado[277]

[276] ALMEIDA, Edmar; PRADE, Yanna; ALMEIDA, José Ricardo (Org.). **Flexibilidade na indústria de gás natural**: mecanismos e estratégias para apoiar a concorrência no mercado brasileiro. 1ª ed. Rio de Janeiro: Synergia, 2021. p. 2.

[277] "A questão da associação com o petróleo mostra-se extremamente importante na determinação do ritmo de exploração econômica do gás natural. No caso de reservas não associadas, a taxa de produção será determinada pela capacidade de escoamento da produção para os mercados consumidores e pela evolução dos preços do gás natural. Em outros termos, será a própria dinâmica do mercado de gás natural que irá determinar a trajetória de produção dos reservatórios. No caso do gás natural associado, a produção de gás segue a dinâmica de extração do petróleo. Considerando que o valor comercial do petróleo bruto na boca do poço tem se mantido muito superior ao do gás natural, é a extração de óleo que irá determinar o ritmo de extração de gás natural. Na ausência de uma infraestrutura de escoamento ou quando os investimentos em dutos de transferência não se justificam pelo reduzido volume de gás ou pela falta de mercado para o combustível, o gás natural mostra-se um fator de restrição à produção de petróleo. Nesses casos, muitas vezes o gás é reinjetado nos poços ou simplesmente

ao petróleo *offshore*[278], a alta variação da demanda termelétrica, de caráter complementar à geração hidrelétrica e a menor relevância do seu uso sazonal para fins de aquecimento em comparação a outros países.

A monetização do gás, dado esse perfil de produção, implica em custo elevado de escoamento para o gás associado produzido em alto mar e requer demanda firme para seu consumo.[279] Em outras palavras, faz mais sentido econômico a reinjeção do gás no reservatório e a maximização da produção de petróleo, um dos fatores que dificulta o desenvolvimento do mercado. Não há investimento para trazer o gás para a costa em razão de não haver mercado que assegure seu uso como energético. E não há maior mercado porque falta segurança e previsibilidade da disponibilidade de gás.

As termelétricas a gás natural, grandes consumidoras do energético, somente são despachadas quando os níveis dos reservatórios das hidrelétricas estão bastante depletados e as previsões pluviométricas não são favoráveis.[280] Assim, a geração termelétrica é a principal fonte de demanda por flexibilidade – leia-se, capacidade de interromper e prosseguir com o fornecimento –, considerando o elevado grau de variabilidade e imprevisibilidade, com impactos para contratação e utilização de gás natural.[281]

queimado." (ALMEIDA, Edmar Fagundes de; COLOMER, Marcelo. **A indústria do gás natural: fundamentos técnicos e econômicos**. Rio de Janeiro: Synergia: FAPERJ IE/UFRJ: UFF, 2013. p.31-32)

278 SOARES, Gustavo. Flexibilidade da demanda não termelétrica de gás no Brasil: história e lições. *In:* Edmar Luiz Fagundes de Almeida, Yanna Clara Prade, José Ricardo Uchôa Cavalcanti Almeida (Org.). **Flexibilidade na indústria de gás natural**: mecanismos e estratégias para apoiar a concorrência no mercado brasileiro; organização. 1ª ed. Rio de Janeiro: Synergia, 2021. p. 62.

279 ALMEIDA, Edmar Fagundes de; PRADE, Yanna; ALMEIDA, José Ricardo Uchôa Cavalcanti (Org.). **Flexibilidade na indústria de gás natural:** mecanismos e estratégias para apoiar a concorrência no mercado brasileiro. 1ª ed. Rio de Janeiro: Synergia, 2021. p. 3.

280 ALMEIDA, Edmar Fagundes de; PRADE, Yanna; ALMEIDA, José Ricardo Uchôa Cavalcanti (Org.). **Flexibilidade na indústria de gás natural:** mecanismos e estratégias para apoiar a concorrência no mercado brasileiro. 1ª ed. Rio de Janeiro: Synergia, 2021. p. 3.

281 ROMEIRO, Diogo. Geração termelétrica e a demanda por flexibilidade na indústria de gás no Brasil. *In* ALMEIDA, Edmar Fagundes de; PRADE, Yanna; ALMEIDA, José Ricardo Uchôa Cavalcanti (Org.). *Flexibilidade na indústria de gás natural*: mecanismos e estratégias para apoiar a concorrência no mercado brasileiro. 1ª ed. Rio de Janeiro: Synergia, 2021. p. 57.

A esse respeito, Edmar Almeida e Marcelo Colomer esclarecem que:

> Uma importante característica da IGN [indústria do gás natural] é a necessidade de sincronização entre demanda e oferta do sistema. Isso é muito relevante no que tange às decisões de investimento na cadeia do gás. A decisão de investir em um segmento depende das expectativas quanto às decisões de investimento nos outros segmentos da cadeia produtiva. Esse fator explica, dessa forma, a tendência, quase que natural, dessas indústrias em se integrarem verticalmente. Um investidor só irá investir no desenvolvimento de um campo de gás se for possível vender a produção para um consumidor final. Para isso, será necessário investir de forma coordenada no escoamento, no tratamento, no transporte e na distribuição do gás natural. Quando realizados por atores diferentes, a coordenação dos investimentos requer muita negociação em torno das garantias de compra e venda de gás entre os agentes envolvidos. Por essa razão, os contratos de comercialização de gás natural e serviços de transporte ao longo da cadeia tendem a ser muito complexos, implicando em custos de transação muito significativos.
>
> Uma das características que marca a evolução das indústrias de rede é a trajetória decrescente dos custos marginais de expansão. No caso da indústria de gás natural, entre 50 e 70% do custo total de fornecimento estão associados aos custos de transporte e distribuição. Essas atividades são portadoras de grandes economias de escala. O custo de atendimento de cada consumidor adicional é menor à medida que a rede se desenvolve. Desse modo, o desenvolvimento dos mercados é mais difícil no período de infância da indústria. Ou seja, é menos rentável atender os primeiros consumidores. Por outro lado, a comercialização do gás natural para novos consumidores requer preços significativamente mais baixos que os dos combustíveis concorrentes. A propensão a pagar pelo gás é menor no caso dos novos consumidores, já que esses devem realizar investimentos na conversão de seus equipamentos para adotar o gás natural. Assim, a propensão a pagar dos consumidores é menor justamente no momento em que o custo de fornecimento tende a ser maior.[282]

[282] ALMEIDA, Edmar Fagundes de; COLOMER, Marcelo. **A indústria do gás natural: fundamentos técnicos e econômicos**. Rio de Janeiro: Synergia: FAPERJ IE/UFRJ: UFF, 2013. p.20-21

Nota-se que há grande interdependência entre agentes e, consequentemente, entre contratos, em um mercado competitivo e não verticalizado. Riscos precisam ser alocados entre as partes, com compromissos cumpridos ou pesadas penalidades impostas. O inadimplemento de um agente pode repercutir a jusante e a montante do segmento desse agente, de forma desproporcional, uma vez que os valores envolvidos na comercialização da molécula podem exceder substancialmente aqueles envolvidos na movimentação. O potencial de conflitos, dessa forma, aumenta.

Adicionalmente às peculiaridades de mercado mencionadas acima, por força do parágrafo 2º do artigo 25 da Constituição Federal, cabe aos Estados explorar diretamente, ou mediante concessão, os serviços locais de gás canalizado (segmento de distribuição). Assim, enquanto a exploração das demais atividades está sob competência da União Federal, incluindo a ANP no âmbito de suas atribuições, o segmento de distribuição é explorado pelos respectivos Estados ou pelo Distrito Federal, resultando em pluralidade de poderes concedentes e agências reguladoras no mesmo segmento do setor de gás (distribuição). Consequentemente, esse segmento conta com contratos de concessão e regras para o exercício da atividade diferentes, conforme a legislação de cada Estado e do Distrito Federal.

A divisão de competência entre União e Estados é fonte de diferentes interpretações quanto a quais atividades estão inseridas no conceito de serviços locais de gás canalizado, como será tratado mais à frente. Some-se a isso o fato de que as concessões atuais foram outorgadas por prazos de 30 a 50 anos, conforme o Estado, majoritariamente para sociedades de economia mista estaduais[283], e com disposições expressas no sentido de conceder exclusividade à companhia distribuidora local – CDL para o exercício das atividades de distribuição e comercialização na área da concessão.[284] É importante esclarecer que muitos desses contratos foram

[283] Cf. CERI, Centro de Estudos em Regulação e Infraestrutura. **Distribuição de gás natural no Brasil**. p. 11. Disponível em: https://ceri.fgv.br/sites/default/files/publicacoes/2019-07/Cartilha%20distribuição_formatada%2012072019.pdf. Acesso em 21 nov. 2021.

[284] A respeito do conceito de monopólio natural e da exclusividade, cf. "dados os elevados custos fixos afundados (a infraestrutura), o custo médio de produção é superior ao custo marginal, de modo que o seu ponto de equilíbrio ocorre quando o agente econômico pode repartir o custo de produção por todo o mercado consumidor e, assim, o preço eficiente desse mercado é aquele equivalente ao custo médio de produção. Trata-se, assim, de mercados que

firmados antes mesmo de haver gás a ser fornecido ou mercado para consumi-lo, de forma que as condições previstas tiveram o objetivo de introduzir o energético nos respectivos estados e incentivar a construção de rede de distribuição para desenvolvimento desses mercados.

Por se tratar de um conflito federativo, com origem na própria Constituição Federal, e que não poderia ser decidido por uma agência, este trabalho não tratará desse conflito de forma detalhada.

Para iniciar a discussão sobre os conflitos relacionados ao setor de gás que serão abordados, é útil ilustrar como se dá o fluxo físico (entrega) do gás e o fluxo contratual (ou financeiro) do gás. Abaixo está um esquema simplificado desses fluxos, com o objetivo de facilitar o entendimento do que será discutido a seguir:

Figura 2 – Fluxo Físico e Fluxo Contratual do Gás

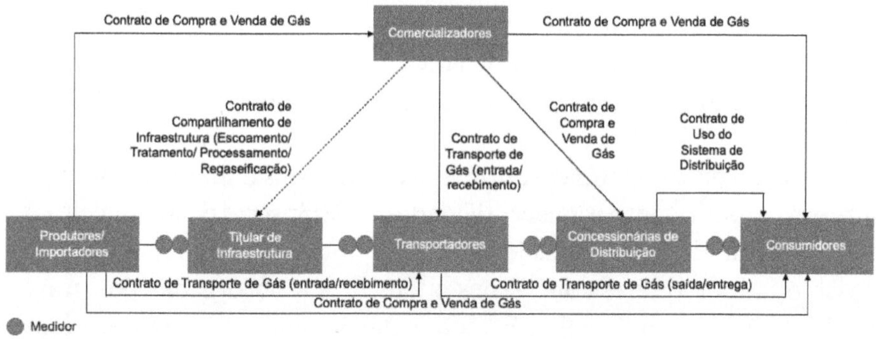

Fonte: Elaboração própria

fogem à regra geral de que quanto mais concorrência maior o ganho de bem-estar social, traduzido na oferta de maior quantidade do bem ou serviço a preço menor." Por outro lado, "o reconhecimento de um mercado como sendo um monopólio natural resulta dos custos iniciais afundados; dos ganhos de escala que a produção, por um único agente econômico, propicia; do tamanho do mercado consumidor; e, ainda, do estado da técnica. Isso significa que a evolução tecnológica, o adensamento populacional, dentre outras variáveis podem transmudar um monopólio natural em um mercado competitivo (como ocorreu, por exemplo, em grande parte das atividades de telecomunicações)." (SAMPAIO, Patrícia Regina Pinheiro. **Regulação e concorrência nos setores de infraestrutura**: análise do caso brasileiro à luz da jurisprudência do CADE. Tese de doutorado. USP, 2012. p. 32-33 e p. 269, respectivamente.)

Como demonstrado na figura e já sinalizado, as relações na indústria do gás são estabelecidas em diferentes contratos, todos interdepententes, sendo possível identificar a existência de diversos agentes e o fato de que nem sempre a entrega do gás ocorre diretamente pelo vendedor ao comprador do gás.

Os contratos podem ser resumidos da seguinte forma, sendo que sua denominação pode diferir conforme as empresas envolvidas:

(a) Contratos de Compra e Venda de Gás: contratos entre produtores, importadores ou comercializadores, na qualidade de vendedores, e comercializadores, distribuidores ou consumidores, na qualidade de compradores;
(b) Contratos de Transporte de Gás: contratos entre transportadores e carregadores, que podem ser vendedores ou compradores de gás, conforme o caso;
(c) Contratos de Compartilhamento: contratos entre os detentores das infraestruturas a serem compartilhadas, e os demais agentes interessados no uso da infraestrutura;
(d) Contratos de Uso do Sistema de Distribuição: contratos entre a distribuidora de gás e o usuário ou consumidor interessado em ter seu gás movimentado na rede de distribuição.

Embora esses contratos sejam assinados entre diferentes partes e tenham objetos distintos, são interdependentes. O inadimplemento de uma das partes em um contrato pode levar ao inadimplemento da outra parte nos demais elos da cadeia, como já mencionado, sendo necessário que os agentes conheçam os riscos, direitos e obrigações regulados por cada tipo de contrato.

3.2. Conflitos atuais no setor de gás

Conflitos envolvendo o setor de gás no Brasil não são um fenômeno recente e alguns dos conflitos já existentes foram objeto de outros estudos.

Para fins deste capítulo, serão utilizadas duas classificações para os potenciais conflitos no setor de gás: conflitos regulatórios e conflitos comerciais.

Serão tratados como conflitos regulatórios aqueles ligados a obrigações regulatórias, envolvendo qualquer tipo de intervenção estatal no exercício das atividades econômicas ou serviços públicos. A começar pelos conflitos resultantes da obrigação de concessão de acesso a gasodutos de transporte, a infraestruturas essenciais e a dutos de distribuição, conflitos sobre qualidade e especificação de gás, entre outros que serão mais detalhados a seguir.

Por outro lado, o conceito de conflitos comerciais para fins deste trabalho refere-se a conflitos oriundos de obrigações comerciais e contratuais entre as partes, seja no fornecimento, suprimento ou na importação de gás, ou na prestação de algum serviço relacionado à indústria do gás. O inadimplemento de obrigações contratuais pode resultar na aplicação de multas estabelecidas pelas partes, bem como obrigações de indenização suplementar ou, até mesmo, na rescisão dos contratos. Da mesma forma, podem ocorrer conflitos sobre a aplicação de excludentes de responsabilidade com base em força maior, eventual necessidade de revisar os termos e condições em virtude de fatos supervenientes que possam causar onerosidade excessiva, e outros conflitos que também resultem da alocação de riscos entre as partes de forma contratual.

Como já antecipado, alguns dos conflitos existentes já foram objeto de outros estudos, de forma que este trabalho não tratará desses temas.

Carla Gonçalves tratou em sua dissertação do fenômeno conhecido como *bypass* da rede de distribuição, especialmente do chamado *bypass* físico, quando consumidores conectam-se diretamente aos gasodutos ou a outros modais de transporte, mediante construção de dutos dedicados, sem utilização da malha de distribuição.[285] A dissertação trata, mais especificamente de dois casos relativos a Estados que, recentemente e já no esforço de abertura do mercado, aprovaram modificações nas respectivas regulações estaduais e introduziram permissão de *bypass* físico, os Estados de Rio de Janeiro e Sergipe. O tema é controverso e há processos judiciais em alguns estados envolvendo a movimentação de gás diretamente dos gasodutos de transporte ou de terminais de gaseificação às instalações da Petrobras e outros agentes, incluindo fábricas de fertilizantes e usinas termelétricas.[286]

[285] GONÇALVES, Carla Maria de Oliveira Castro. **A revisão do marco regulatório para o setor de gás natural e o by pass da rede de distribuição.** Dissertação para obtenção de grau de mestre apresentada à Escola de Direito do Rio de Janeiro da Fundação Getúlio Vargas. 2019. Disponível em: https://bibliotecadigital.fgv.br/dspace/handle/10438/28876. Acesso em: 28 maio 2022.

[286] Também sobre o assunto, cf. MANO, Gustavo; TIRYAKI, Gisele Ferreira. **Contribuições da Lei do Gás para a Solução de Conflitos Regulatórios entre a União e os Estados**. *In*:

Por outro lado, Raphael Correia[287] dissertou sobre o equilíbrio do espaço regulatório compartilhado por União e Estados (e Distrito Federal) no setor de gás natural e tratou de quatro casos relevantes: (i) Caso Gemini; (ii) Caso Celse; (iii) Caso Revisão Regulatória Agenersa (RJ); e (iv) Caso Revisão Regulatória ARSESP (SP).

Merece menção o Caso Gemini, que tem quase 20 anos e diz respeito a projeto inicialmente concebido por Petrobras e White Martins Gases Industriais Ltda. (White Martins) para a comercialização de gás em estado liquefeito por caminhões tanque detidos por GNL Gemini Comercialização e Logística de Gás Ltda.[288] Discute-se eventual violação ao monopólio da distribuidora estadual na movimentação de gás entre ramal do gasoduto de transporte Bolívia Brasil (GASBOL) e planta de liquefação da White Martins localizada na cidade de Paulínia, no estado de São Paulo.[289]

Decisão pelo STF a respeito do mérito era bastante aguardada pela indústria, na expectativa de uma diretriz para esse conflito federativo e, especialmente, quanto à abrangência da expressão "serviços locais de gás canalizado" no parágrafo segundo do artigo 25 da Constituição Federal, relativa às atividades classificadas como serviço público e cuja exploração compete ao Estados, diretamente ou mediante concessão[290]. A 2ª turma do

Revista econômica do Nordeste. Vol. 42, n. 3 (jul./set. 2011). Fortaleza: Banco do Nordeste, 2011. Disponível em: https://www.bnb.gov.br/revista/index.php/ren/article/view/159/138. Acesso em: 27 abr. 2022.

[287] CORREIA, Raphael Barboza. **Equilíbrio do espaço regulatório compartilhado no setor de gás natural brasileiro**. Dissertação para obtenção de grau de mestre apresentada à Escola de Direito do Rio de Janeiro da Fundação Getúlio Vargas. 2021. Disponível em: https://bibliotecadigital.fgv.br/dspace/handle/10438/31376. Acesso em: 28 maio 2022.

[288] A participação de 40% da Petrobras na empresa GNL Gemini Comercialização e Logística de Gás Ltda (Gás Local) foi vendida à White Martins Gases Industriais Ltda. Disponível em: https://api.mziq.com/mzfilemanager/v2/d/25fdf098-34f5-4608-b7fa-17d60b2de47d/8bf1e804-aabf-458f-e876-5ad00b2284b2?origin=2. Acesso em: 27 abr. 2022.

[289] Para uma discussão mais detalhada do caso envolvendo o Projeto Gemini, cf. KINGESKI, Adriana Pires. O Poder Judiciário e o Projeto Gemini: uma reflexão do caso do setor de gás natural ante o novo mercado de gás. *In*: REIS, Henrique; MARIANI, Rômulo; GOMES, Victor. **Temas relevantes do novo mercado de gás natural: uma análise jurídica e regulatória, tomo I.** Rio de Janeiro : Synergia, 2020. p. 31-57.

[290] Esse conflito, que deriva do texto constitucional, poderia ser considerado um conflito jurídico, constitucional ou legal. Todavia, para fins deste trabalho, será tratado como um conflito regulatório em razão de ter implicações sobre qual o regulador de tais atividades.

STF, todavia, votou unanimemente pela suspensão dos efeitos de decisões em 1ª instância e para que fosse retornada a matéria para julgamento pelo STF, em seu mérito, como ação cível originária.[291] Conclui Raphael Correia que:

> pela inexistência de uma interpretação constitucional mais adequada, além da legitimidade dos diferentes interesses e políticas públicas que perpassam a questão, a solução de imbróglios como os examinados no Caso Gemini parece ser mais facilmente alcançada por meio de mecanismos de coordenação em âmbito infralegal do que pela definição precisa em âmbito legislativo ou judicial.[292]

Mais recentemente, já com o início da abertura do mercado de gás, a Petrobras viu-se diante de decisões liminares determinando o fornecimento de gás natural às concessionárias de serviços locais de gás canalizado em condições de preço diferentes das contratadas pelas partes.[293] Esses conflitos em sede de liminar reforçam o papel até então desempenhado pela Petrobras como a grande supridora e demonstram bem as dificuldades de implementação de um mercado competitivo de gás, especialmente em razão das preocupações com a garantia de suprimento de gás por múltiplos e menores agentes ao mercado doméstico e com o preço da molécula, não obstante as justificativas da empresa para os reajustes com base no cenário externo.

O objeto deste trabalho não envolve uma análise detalhada desses conflitos, especialmente o conflito federativo quanto à extensão da expressão "serviços locais de gás canalizado", conforme já mencionado, o que demandaria um estudo apenas sobre esse tema e que desviaria o foco do estudo sobre solução de conflitos ora proposto. Comentários a respeito desses conflitos podem ser examinados na bibliografia indicada.

[291] CORREIA, Raphael Barboza. **Equilíbrio do espaço regulatório compartilhado no setor de gás natural brasileiro.** Dissertação para obtenção de grau de mestre apresentada à Escola de Direito do Rio de Janeiro da Fundação Getúlio Vargas. 2021. p. 138.

[292] CORREIA, Raphael Barboza. **Equilíbrio do espaço regulatório compartilhado no setor de gás natural brasileiro.** Dissertação para obtenção de grau de mestre apresentada à Escola de Direito do Rio de Janeiro da Fundação Getúlio Vargas. 2021. p. 139.

[293] Conforme notícias disponíveis em: https://www.cnnbrasil.com.br/business/liminares-vetam-aumento-do-gas-no-rj-se-al-e-ce-petrobras-decide-recorrer/; e https://epbr.com.br/estados-e-distribuidoras-contra-reajuste-do-gas-da-petrobras/. Acesso em: 22 nov. 2022.

3.3. Condições para desenvolvimento do mercado concorrencial

Como se percebe, a indústria do gás é uma indústria de rede que envolve atividades concorrenciais e atividades não concorrenciais. Nesse sentido, verificou-se que a abertura do mercado exigiria o livre acesso a infraestruturas detidas pelo agente incumbente, a Petrobras.[294] A figura abaixo demonstra bem o controle ainda detido pela Petrobras em 2019, direta ou indiretamente, dessas infraestruturas, conforme análise da Empresa de Pesquisa Energética – EPE.

Figura 3 – Concentração na cadeia brasileira de gás natural

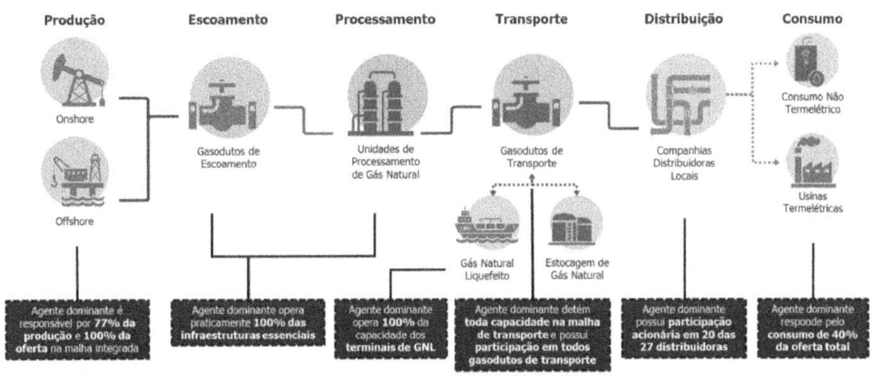

Fonte: EPE (2019)

[294] Como afirmam Alexandre Aragão e Patrícia Sampaio, "o reconhecimento da existência de um monopólio natural ao longo de uma cadeia produtiva faz surgir o problema da garantia do acesso, sem o qual não poderá haver concorrência nos mercados verticalmente relacionados. Em princípio, o operador da rede encontra-se em ampla vantagem competitiva, podendo explorar os serviços passíveis de serem oferecidos a partir dela e criar dificuldades ao desenvolvimento de potenciais competidores nessa prestação. Assim, a regulação dos monopólios naturais justifica-se, por exemplo, para evitar que o monopolista detentor da infraestrutura abuse da sua posição dominante em detrimento de clientes que pretendam com ele competir em mercados a jusante, como, por exemplo, mediante recusa de oferta de acesso, prática de preços supracompetitivos, ou criação de quaisquer outras dificuldades ao ingresso de novos agentes. A fim de viabilizar a concorrência e, portanto, a liberdade de escolha aos consumidores, é preciso definir se, quando e em que condições deverá ser assegurado o acesso às redes de infraestrutura por parte dos concorrentes em mercados verticalmente relacionados." (ARAGÃO, Alexandre Santos de. **Direito do Petróleo e do Gás**. Belo Horizonte: Fórum, 2021. p. 269-270.)

Nota-se, dessa forma, a presença marcante da Petrobras, referenciada como agente dominante, no segmento de produção, escoamento, processamento, transporte, importação de GNL, distribuição e consumo. Em virtude dos desinvestimentos ocorridos, a participação da Petrobras nos segmentos de produção, transporte, distribuição e consumo foram reduzidos em diferentes medidas.

No segmento de transporte, por exemplo, a Petrobras já alienou sua participação na Nova Transportadora do Sudeste S.A. - NTS e na Transportadora Associada de Gás S.A. - TAG, permanecendo como carregadora contratante da maior parte da capacidade na malha de transporte. A alienação da participação detida na Transportadora Brasileira Gasoduto Bolívia Brasil S.A. - TBG, por outro lado, ainda não ocorreu, não obstante ter sido determinada no TCC firmado com o CADE. No segmento de distribuição, a Petrobras alienou inicialmente 49% da sua participação na Petrobras Gás S.A. - Gaspetro e, mais recentemente, os outros 51%, de forma que a Petrobras deixou o segmento de distribuição em 2022.

Como já foi dito, esses desinvestimentos levaram o governo e os agentes do setor de gás a preocupações, que resultaram em amplas discussões na iniciativa denominada Gás para Crescer e, posteriormente, no Novo Mercado de Gás. Essas discussões serão resumidas a seguir, para fins de contextualização dos desafios que estão por vir.

3.3.1. Gás para Crescer

O programa Gás para Crescer foi lançado pelo governo federal em meados de 2016 com o objetivo de estudar e elaborar propostas para manter o adequado funcionamento do setor de gás, diante de um cenário de redução da participação da Petrobras.[295]

O programa foi coordenado por um Comitê Técnico para o Desenvolvimento da Indústria do Gás Natural - CT-GN criado pela Resolução CNPE nº 10, de 14 de dezembro de 2016[296], que estabeleceu as diretrizes estratégicas para o desenho de novo mercado de gás natural no Brasil

[295] Informações sobre o Gás para Crescer e acesso aos relatórios produzidos pelos subcomitês estão disponíveis em: http://antigo.mme.gov.br/web/guest/secretarias/petroleo-gas-natural-e-biocombustiveis/acoes-e-programas/programas/gas-para-crescer. Acesso em: 23 abr. 2022.

[296] A Resolução CNPE nº 10/2016 foi também revogada e substituída pela Resolução CNPE nº 3, de 7 de abril de 2022, conforme nota acima.

obedecendo às seguintes premissas: (i) adoção de boas práticas internacionais; (ii) atração de investimentos; (iii) diversidade de agentes; (iv) maior dinamismo e acesso à informação; (v) participação dos agentes do setor; (vi) promoção da competição na oferta de gás natural; e (vii) respeito aos contratos.

O Gás para Crescer foi estruturado em 9 (nove) subcomitês, e as discussões para a proposição das medidas necessárias contaram com a participação de representantes dos Governos, Federal e estaduais, da indústria do gás natural, de consumidores de gás natural, do setor de energia elétrica, da academia, de consultorias e outros. Os subcomitês que desenvolveram os trabalhos foram os seguintes:

(a) Subcomitê SC 1 – Escoamento, Processamento e Regaseificação de GNL;
(b) Subcomitê SC 2 – Transporte / Estocagem;
(c) Subcomitê SC 3 – Distribuição;
(d) Subcomitê SC 4 – Comercialização;
(e) Subcomitê SC 5 – Aperfeiçoamento das regras tributárias;
(f) Subcomitê SC 6 – Gás Natural Matéria Prima;
(g) Subcomitê SC 7 – Aproveitamento do Gás da União;
(h) Subcomitê SC 8 – Integração Setores Elétrico e Gás Natural; e
(i) Subcomitê SC 9 – Suprimento de Última Instância.

Tendo em vista que já havia, na Câmara dos Deputados, um projeto de lei de 2013 sobre alguns aspectos do gás natural, o resultado das discussões do Gás para Crescer foi incorporado a substitutivo proposto pelo Deputado Marcus Vicente ao Projeto de Lei nº 6407/2013[297], com a expectativa de uma tramitação mais ágil.

O substitutivo foi apresentado em dezembro de 2017 na Comissão de Minas e Energia da Câmara dos Deputados.[298]Diante da inviabilidade de

[297] O Projeto de Lei nº 6.407/2013 possuía um escopo muito menor, também com o objetivo de fomenter a indústria do gás natural, mas por meio de alterações pontuais à lei do gás então vigente. A tramitação está disponível em: https://www.camara.leg.br/proposicoesWeb/fichadetramitacao?idProposicao=593065. Acesso em: 29 maio 2022.

[298] Informações sobre o Novo Mercado de Gás estão disponíveis em: https://www.gov.br/mme/pt-br/assuntos/secretarias/petroleo-gas-natural-e-biocombustiveis/novo-mercado-de-gas. Acesso em 21 maio 2022.

aprovação de nova lei para o gás natural até o final de 2018, foi publicado o Decreto nº 9.616, de 17 de dezembro de 2018, com diretrizes infralegais para a ANP regulamentar alguns aspectos do setor de gás.[299]

3.3.2. Novo Mercado de Gás

O Gás para Crescer foi sucedido no governo seguinte pelo Novo Mercado de Gás, programa criado em 2019 visando à formação de um mercado de gás natural aberto, dinâmico e competitivo. O programa Novo Mercado de Gás abrange "medidas para todos os elos da cadeia de valor do gás natural, desde o escoamento da produção até a distribuição, respeitando a competência dos Estados para a regulação dos serviços locais de gás canalizado."[300]

De acordo com o MME, responsável pela coordenação do programa:

> foi instituído em 2019, com uma nova estratégia, o Comitê de Promoção da Concorrência do Mercado de Gás Natural no Brasil, por meio da Resolução CNPE nº 4/2019, com competências para propor medidas de estímulo à concorrência no mercado de gás natural, encaminhar ao CNPE recomendações de diretrizes e aperfeiçoamentos de políticas energéticas voltadas à promoção da livre concorrência no mercado de gás natural e propor ações a entes federativos para a promoção de boas práticas regulatórias.
>
> Nesse sentido, o CNPE aprovou a Resolução nº 16/2019 estabelecendo diretrizes e aperfeiçoamentos de políticas energéticas voltadas à promoção da livre concorrência no mercado de gás natural, definindo como deve ser a transição para um mercado concorrencial e até estabelecendo como de interesse da Política Energética Nacional medidas estruturais e comportamentais para serem observadas pelo agente que ocupe posição dominante no setor de gás natural.

[299] Mais informações sobre o Decreto e o contexto de sua publicação em: SILVEIRA LOBO, Marcello Portes da; AMARANTE, Marcella. **Mudanças infralegais no setor de gás**: decreto do gás para crescer. Disponível em: https://www.migalhas.com.br/depeso/293363/mudancas-infralegais-no-setor-de-gas--decreto-do-gas-para-crescer. Acesso em 22 maio 2022.

[300] Informações disponíveis em: https://www.gov.br/mme/pt-br/assuntos/secretarias/petroleo-gas-natural-e-biocombustiveis/novo-mercado-de-gas. Acesso em: 23 abr. 2022.

Ao mesmo tempo em que estabeleceu diretrizes, a mencionada Resolução CNPE nº 16/2019 recomendou ao MME, em articulação com o Ministério da Economia, a ANP, a EPE e o CADE, que monitorassem a implementação das ações necessárias à abertura do mercado de gás, devendo propor medidas adicionais e complementares ao CNPE, caso necessário[301], e foi seguida da instituição do Comitê de Monitoramento da Abertura do Mercado de Gás Natural, por meio do Decreto nº 9.934/2019.

3.4. Nova Lei do Gás

A tramitação da Nova Lei do Gás continuou no decorrer de 2019 e teve como texto base novo substitutivo apresentado pelo Relator Dep. Silas Câmara na Comissão de Minas e Energia da Câmara dos Deputados. Após sua aprovação na Comissão, o projeto de lei foi então submetido ao Plenário da Câmara dos Deputados.

Tratando-se de projeto de lei de iniciativa da Câmara dos Deputados, o texto aprovado na Câmara foi encaminhado ao Senado Federal, sendo designado como PL nº 4.476/2020 e recebeu emendas, o que determinou seu retorno à Câmara dos Deputados para nova votação. O projeto de lei foi finalmente aprovado, tornando-se a Nova Lei do Gás sancionada como Lei nº 14.134, de 8 de abril de 2021.[302]

Esse breve histórico demonstra que, desde a criação do Gás para Crescer até a aprovação da nova lei, passaram-se quase 5 (cinco) anos, período similar ao prazo de aprovação da Lei do Gás de 2009[303]. Com base na análise dos trabalhos desenvolvidos no Gás para Crescer, no Novo Mercado de Gás e no Legislativo, percebe-se a multiplicidade de agentes

[301] Para mais informações a respeito da Resolução CNPE nº 16/2019, SILVEIRA LOBO, Marcello Portes da; VARGAS, Pedro Ícaro Lopes. **Resolução CNPE n° 16/2019**: novo gás para a economia brasileira. Disponível em: https://www.pinheironeto.com.br/publicacoes/resolucao-cnpe-16-2019-novo-gas-para-a-economia-brasileira. Acesso em: 21 maio 2022.

[302] Cf. MME, disponível em: https://www.gov.br/mme/pt-br/assuntos/secretarias/petroleo-gas-natural-e-biocombustiveis/novo-mercado-de-gas. Acesso em: 23 abr. 2022.

[303] BRASIL. **Lei nº 11.909, de 4 de março de 2009.** Dispõe sobre as atividades relativas ao transporte de gás natural, de que trata o art. 177 da Constituição Federal, bem como sobre as atividades de tratamento, processamento, estocagem, liquefação, regaseificação e comercialização de gás natural; altera a Lei no 9.478, de 6 de agosto de 1997; e dá outras providências. Brasília, DF: Presidência da República, 2009. Disponível em: http://www.planalto.gov.br/ccivil_03/_ato2007-2010/2009/lei/l11909.htm. Acesso em: 29 maio 2022.

interessados, nem sempre com interesses convergentes, nesse relevante setor econômico regulado.

As principais modificações da Nova Lei do Gás em relação à lei anterior estão resumidas na Tabela 4, de elaboração própria com base em trabalho anterior[304]. Para fins das discussões a seguir, merece destaque a ampliação das obrigações de acesso a infraestruturas consideradas essenciais e a independência de transportadores em relação a atividades concorrenciais.

3.5. Potenciais conflitos no novo mercado de gás

Apresentada a indústria de gás e suas principais características, assim como o histórico de discussões para a mudança do marco legal, passam a ser analisados os potenciais conflitos.

O novo mercado de gás pressupõe, como já visto, a desverticalização do agente dominante, a Petrobras, bem como outras medidas relevantes com o objetivo de se evitar que a Petrobras mantenha seu atual poder de mercado[305].

Como resultado desse novo modelo, novos agentes deverão entrar no mercado celebrando contratos com outros agentes não só em substituição aos atuais contratos, mas ampliando o número de operações comerciais. Da mesma forma, novos contratos e obrigações regulatórias, até então inexistentes ou inviáveis, em razão do domínio do mercado por um único agente, surgirão com a entrada de novos agentes e como decorrência das obrigações regulatórias e concorrenciais que são impostas ao agente dominante.

Esses potenciais conflitos serão discutidos nesta seção, sem ambição de exaurir o tema, apenas a título de ilustração para entendimento do

[304] Principais tópicos do projeto de lei aprovado foram resumidos em SILVEIRA LOBO, Marcello Portes da; VARGAS, Pedro Ícaro Lopes, **Projeto de nova lei do gás aprovado**: o que mudará com o novo marco? Disponível em: https://www.pinheironeto.com.br/publicacoes/projeto-de-nova-lei-do-gas-aprovado-o-que-mudara-com-o-novo-marco. Acesso em: 21 maio 2022.

[305] Segundo Gustavo Binenbojm, "conceitualmente, a expressão *poder de* mercado – ou posição dominante de mercado – designa uma situação fática que permite a um empresário ou grupo econômico exercer influência expressiva sobre o preço ou a quantidade de produtos e serviços ofertados." (BINENBOJM, Gustavo. **Poder de polícia, ordenação, regulação**: transformações político-jurídicas, econômicas e institucionais do direito administrativo ordenador. 3. ed. Belo Horizonte: Fórum, 2020. p. 193.)

tópico central deste trabalho, solução de conflitos e sua ampliação no setor regulado.

Como já mencionado, os potenciais conflitos foram divididos em dois grupos: (i) conflitos regulatórios (acesso a infraestruturas essenciais, compartilhamento de infraestruturas do setor de petróleo e gás, compartilhamento de infraestruturas com setores de energia e telecomunicações, transporte e movimentação de gás, código de rede, classificação de dutos de transporte e dutos de distribuição, atividade de comercialização de gás); e (ii) conflitos comerciais (falha no fornecimento, falha no recebimento, falha no transporte, falha na distribuição, gás não conforme, balanceamento, estoque de referência, gás de uso no sistema, e estocagem).

3.5.1. Conflitos regulatórios

A Nova Lei do Gás estabeleceu obrigações regulatórias para os agentes do setor de gás e atribuições ao regulador federal (ANP), muitas das quais dependem ainda de regulamentação com a devida observância do processo previsto na Lei de Agências Reguladoras para garantir participação popular, incluindo procedimentos de consulta e audiência públicas, análise de impacto regulatório e notas técnicas.

Em razão da competência de Estados e Distrito Federal com relação aos serviços de gás canalizado, a Nova Lei do Gás não teve condições de resolver conflitos de competência mencionados anteriormente e já abordados em outros trabalhos. No limite da possibilidade, traçou diretrizes no sentido de incentivar o regulador federal e os reguladores estaduais para que busquem maior harmonização no setor de gás.[306]

Em primeiro lugar, será abordado o acesso às infraestruturas essenciais.

Como apontado por Patrícia Sampaio, "o risco associado à detenção simultânea, por um mesmo agente econômico, de sucessivos segmentos da cadeia produtiva é que ele busque monopolizar o segmento

[306] "Art. 45. A União, por intermédio do Ministério de Minas e Energia e da ANP, deverá articular-se com os Estados e o Distrito Federal para a harmonização e o aperfeiçoamento das normas atinentes à indústria de gás natural, inclusive em relação à regulação do consumidor livre.
Parágrafo único. Os mecanismos necessários à implementação do disposto no caput deste artigo serão definidos em regulamento."

competitivo por meio de criação de dificuldades de acesso à infraestrutura essencial."[307]

A previsão de livre acesso em infraestruturas de gás não é novidade do novo marco legal. Ainda no esforço regulatório logo após a Lei do Petróleo, "a atividade de transporte de gás mostrou-se um dos principais alvos de regulação, tendo em vista suas características de monopólio natural" [308], sendo necessária a definição de regras para acesso não discriminatório.

De acordo com a redação original do artigo 58 da Lei do Petróleo, deveria ser facultado a qualquer interessado o uso dos dutos de transporte e dos terminais marítimos existentes ou a serem construídos, mediante remuneração adequada ao titular das instalações, cabendo à ANP fixar o valor e a forma de pagamento da remuneração adequada, não havendo acordo entre as partes, cabendo-lhe também verificar se o valor acordado é compatível com o mercado.

Posteriormente, esse artigo foi modificado pela Lei do Gás de 2009[309], passando a indicar que será facultado a qualquer interessado o uso dos dutos de transporte e dos terminais marítimos existentes ou a serem construídos, com exceção dos terminais de Gás Natural Liquefeito – GNL, mediante remuneração adequada ao titular das instalações ou da capacidade de movimentação de gás natural, nos termos da lei e da regulamentação aplicável.

A Nova Lei do Gás ampliou, portanto, a obrigatoriedade de acesso a infraestruturas de gás, passando a contemplar o acesso não apenas aos gasodutos de transporte, conforme estabelecido originalmente no artigo 58 da Lei do Petróleo, mas também a outras infraestruturas essenciais

[307] SAMPAIO, Patrícia Regina Pinheiro. **Regulação e concorrência nos setores de infraestrutura**: análise do caso brasileiro à luz da jurisprudência do CADE. Tese de doutorado. USP, 2012. p. 58.

[308] ZYLBERSZTAIN, David; AGEL, Sonia. A reforma do setor de petróleo de 1997: racionalidade, concepção e implementação. *In*: PIRES, Adriano, GIAMBIAGI, Fabio; VELLOZO LUCAS, Luiz Paulo (org.). **Petróleo**: reforma e contrarreforma do setor petrolífero brasileiro. Rio de Janeiro: Elsevier, 2013. p. 59.

[309] Comparação entre a Lei do Gás de 2009 e o projeto de lei que resultou na Nova Lei do Gás pode ser verificada em SILVEIRA LOBO, Marcello Portes da. **Projeto de lei do gás**: um longo trajeto até a entrega do gás ao mercado. Disponível em: https://www.pinheironeto.com.br/publicacoes/projeto-de-lei-do-gas-um-longo-trajeto-ate-a-entrega-do-gas-ao-mercado. Acesso em: 21 maio 2022.

(gasodutos de escoamento da produção, unidades de tratamento ou processamento de gás natural (UPGNs) e terminais de GNL)[310].

O acesso continuará a se dar conforme a regulação da ANP (acesso regulado) no caso de gasodutos de transporte. No caso das demais infraestruturas essenciais, deverá ser negociado entre os agentes (acesso negociado), sendo a ANP chamada a arbitrar eventual controvérsia no caso de conflito. Pontua-se o expresso papel da ANP na solução de eventual conflito.

Como mencionado no capítulo dois, a ANP emitiu em 2001 a Portaria nº 254, 11 de setembro de 2001[311] com base na previsão original da Lei do Petróleo, em que regulamentou a resolução de conflito de que trata o artigo 58 da Lei do Petróleo, e estabeleceu que a resolução de conflito submetido à ANP obriga as partes interessadas, nos termos da decisão proferida.

A partir do momento em que a Petrobras reduz sua participação em segmentos do setor de gás e assume o compromisso de cessar determinadas práticas, como a aquisição de gás na boca do poço, liberação de capacidade nos gasodutos de transporte, arrendamento de terminal marítimo, entre outras[312], novos agentes passam a participar do setor e necessitarão ter acesso às infraestruturas essenciais, de forma que o potencial de conflitos relativos ao acesso e suas condições tende a aumentar.

Está prevista na Agenda Regulatória 2022-2023 da ANP a elaboração de ato normativo que regulamenta o acesso não discriminatório e

[310] Mesmo antes da Nova Lei do Gás, em cumprimento ao TCC firmado com o CADE, a Petrobras iniciou os procedimentos para acesso às suas UPGNs, cf. SILVEIRA LOBO, Marcello Portes da; VARGAS, Pedro Ícaro Lopes. Disponível em: **Mais um passo na abertura do mercado de gás**: acesso de terceiros às UPGNs da Petrobras. Disponível em: https://www.pinheironeto.com.br/publicacoes/mais-um-passo-na-abertura-do-mercado-de-gas-acesso--de-terceiros-as-upgns-da-petrobras. Acesso em 22 maio 2022.

[311] BRASIL. **Portaria ANP nº 254, de 11 de setembro de 2001**. Regulamenta a resolução de conflito de que trata o art. 58 da Lei nº 9.478, de 6 de agosto de 1997. Rio de Janeiro, RJ: ANP, 2001. Disponível em: https://atosoficiais.com.br/anp/portaria-tecnica-n-254-2001-regulamenta-a-resolucao-de-conflito-de-que-trata-o-art-58-da-lei-n-9478-de-6-de-agosto-de-1997?origin=instituicao. Acesso em: 27 abr. 2022.

[312] Conforme Cláusula Segunda do Termo de Compromisso de Cessação de Práticas assinado por Petrobras e CADE em 8 de julho de 2019, conforme https://petrobras.com.br/data/files/0D/92/F0/C7/B81DB710E2EF93B7B8E99EA8/TCC%20assinado%20entre%20o%20Cade%20e%20Petrobras%20_1_.pdf. Acesso em: 27 abr. 2022.

negociado de terceiros às infraestruturas essenciais de gás natural, sendo suas principais etapas previstas para 2023.[313] Caso ocorra alguma situação específica nesse meio tempo, de acordo com o artigo 26, parágrafo 1º do Decreto nº 10.712, de 2 de junho de 2021[314], a ANP poderá adotar soluções individuais que visem ao atendimento do disposto na Nova Lei do Gás, respeitado seu rito decisório, até que tenha editado a regulação específica.[315]

No que diz respeito ao transporte de gás, conforme mencionado, a Lei do Petróleo previu desde logo a necessidade de acesso. Esse acesso encontra-se ainda regulado pela Resolução ANP nº 11, de 16 de março de 2016[316], emitida sob a égide da Lei do Gás de 2009.[317]

A Resolução determina que o transportador deve permitir o acesso não discriminatório de terceiros às suas instalações de transporte, mediante remuneração adequada, calculada segundo os critérios estabelecidos pela ANP, e que, em regra, a oferta integral de capacidade disponível (não contratada) e capacidade ociosa (contratada, mas não utilizada) é obrigatória por parte do transportador, seja para contratação em modalidade

313 ANP. **Agenda Regulatória 2022-2023.** Disponível em: https://www.gov.br/anp/pt-br/acesso-a-informacao/acoes-e-programas/ar/agenda-regulatoria-2022-2023_versao_site.pdf. Acesso em: 23 abr. 2022. p. 75.

314 BRASIL. **Decreto nº 10.712, de 2 de junho de 2021.** Regulamenta a Lei nº 14.134, de 8 de abril de 2021, que dispõe sobre as atividades relativas ao transporte de gás natural, de que trata o art. 177 da Constituição, e sobre as atividades de escoamento, tratamento, processamento, estocagem subterrânea, acondicionamento, liquefação, regaseificação e comercialização de gás natural. Brasília: Presidência da República, 2021. Disponível em: http://www.planalto.gov.br/ccivil_03/_Ato2019-2022/2021/Decreto/D10712.htm. Acesso em: 27 nov. 2022.

315 Para mais informações sobre o Decreto que regulamentou a Nova Lei do Gás, SILVEIRA LOBO, Marcello Portes da; VARGAS, Pedro Ícaro Lopes. **Mais uma etapa rumo ao novo mercado do gás**: publicado decreto que regulamenta a nova lei do gás. Disponível em: https://www.pinheironeto.com.br/publicacoes/mais-uma-etapa-rumo-ao-novo-mercado-do-gas-publicado-decreto-que-regulamenta-a-nova-lei-do-gas. Acesso em: 21 maio 2022.

316 BRASIL. **Resolução ANP nº 11 de 16 de março de 2016.** Rio de Janeiro, RJ: ANP, 2016. Disponível em: https://atosoficiais.com.br/anp/resolucao-n-11-2016?origin=instituicao&q=11/2016. Acesso em: 27 abr. 2022.

317 A Resolução ANP nº 11/2016 trata (i) da oferta de serviços de transporte pelos transportadores; (ii) da cessão de capacidade contratada sob a modalidade firme; (iii) da troca operacional de gás natural; (iv) da aprovação e o registro dos contratos de serviço de transporte de gás natural; e (v) da promoção dos processos de chamada pública para contratação de capacidade de transporte de gás natural.

firme, interruptível ou extraordinária. No mesmo sentido, determina que o transportador deverá permitir a interconexão de outras instalações de transporte e de instalações de transferência, assim como outras instalações previstas pela legislação, nos termos da regulação estabelecida pela ANP, respeitadas as especificações do gás natural estabelecidas pela ANP e os direitos dos carregadores existentes.

No caso de negativa fundamentada de acesso, com justificativa baseada em parâmetros técnicos e econômicos, a ANP, mediante solicitação do carregador interessado, avaliará as bases sobre as quais a negativa foi justificada e deliberará sobre sua procedência.

É importante registrar que, como resultado das discussões do Gás para Crescer e do Novo Mercado de Gás, a Nova Lei do Gás determina (art. 5º) que o transportador deve construir, ampliar, operar e manter os gasodutos de transporte com independência e autonomia em relação aos agentes que exerçam atividades concorrenciais da indústria de gás natural (exploração, desenvolvimento, produção, importação, carregamento e comercialização de gás natural). Adicionalmente, é vedada, em regra, relação societária direta ou indireta de controle ou de coligação, nos termos da Lei nº 6.404, de 15 de dezembro de 1976, entre transportadores e empresas ou consórcio de empresas que atuem ou exerçam funções em tais atividades concorrenciais.

O objetivo da norma é eliminar ou evitar o conflito de interesses entre a atividade de transporte, considerada monopólio natural, e as atividades concorrenciais, e viabilizar o acesso desses agentes à infraestrutura de transporte.

Um outro tipo de acesso relevante no que diz respeito aos conflitos é aquele regulado pela Resolução ANP nº 42, de 10 de dezembro de 2012, que fixou as diretrizes e regras para o compartilhamento de infraestruturas do setor de petróleo, gás natural e biocombustíveis, assim entendidas como servidões administrativas e faixas de servidão de dutos de transferência, de transporte e de escoamento da produção reguladas pela ANP.

De acordo com o normativo, o agente econômico que explora serviços de transporte, transferência e escoamento de produção dutoviário de petróleo, seus derivados, gás natural e biocombustíveis tem direito a compartilhar infraestrutura de outro agente de qualquer destas indústrias, de forma não discriminatória e a preços e condições justos e razoáveis, na forma da Resolução.

O objetivo do compartilhamento é estimular a concorrência, a otimização de recursos, a redução de custos operacionais, a proteção ao meio ambiente, além de outros benefícios aos usuários dos serviços prestados, atendendo à regulamentação específica de cada setor e indústria. O compartilhamento traz preocupações sob o ponto de vista operacional, não devendo haver qualquer comprometimento no atendimento a parâmetros de qualidade, segurança e proteção ao meio ambiente, assim como de obrigações associadas às autorizações e de boas práticas internacionais para prestação dos serviços.

Nesse sentido, a Resolução estabelece ainda que todos os agentes envolvidos no compartilhamento devem atualizar seus planos de emergência, bem como quaisquer outros documentos e procedimentos pertinentes nas fases de construção, operação e manutenção, incluindo aqueles relacionados com processos e fluxos de comunicação, de forma a fazê-los contemplar a existência de infraestruturas de diferentes agentes em uma mesma faixa ou servidão administrativa.

O compartilhamento é obrigatório e, de acordo com a regulamentação, só poderá ser negado por razões de limitação na capacidade, segurança, estabilidade, confiabilidade, violação de requisitos de engenharia ou de cláusulas e condições emanadas pela ANP ou por outros órgãos, no âmbito de suas competências. Eventual negativa poderá resultar em requerimento para a atuação da ANP na solução do conflito entre os agentes. Mais uma vez, está expressamente prevista a competência da ANP na solução de conflitos.

Além do acesso em si e dos termos para o acesso, outros conflitos poderão surgir, na medida que a Resolução expressamente indica que não são admitidos comportamentos prejudiciais à ampla, livre e justa competição, em especial: (i) prática de subsídios para a redução artificial de preços; (ii) uso, objetivando vantagens na competição, de informações obtidas de concorrentes; (iii) omissão de informações técnicas e comerciais relevantes à prestação de serviços por outrem; (iv) exigência de condições abusivas para a celebração de contratos; (v) obstrução ou retardamento intencional das negociações; (vi) coação visando à celebração do contrato; (vii) estabelecimento de condições que impliquem utilização ineficiente da infraestrutura; e (viii) subordinação do compartilhamento da infraestrutura à aquisição de um bem ou a utilização de um serviço.

Verifica-se a partir do rol contido na Resolução que várias condutas poderão dar margem a conflitos entre agentes com relação à obrigação regulatória de compartilhamento. Em um ambiente de maior concorrência entre agentes desverticalizados, presume-se que o risco dessas condutas previstas há mais de 10 anos serem efetivamente praticadas aumentará, assim como o número de conflitos.

Como antecipado no capítulo dois, a obrigação de compartilhamento de infraestruturas não está limitada aos agentes do setor de petróleo e gás.

ANP, ANEEL e ANATEL emitiram a Resolução Conjunta nº 1, de 24 de novembro de 1999[318], em que aprovaram o Regulamento Conjunto para Compartilhamento de Infraestrutura entre os Setores de Energia Elétrica, Telecomunicações e Petróleo.

De acordo com o Regulamento Conjunto, o agente que explora serviços públicos de energia elétrica, serviços de telecomunicações de interesse coletivo ou serviços de transporte dutoviário de petróleo, seus derivados e gás natural, tem direito a compartilhar infraestrutura de outro agente de qualquer destes setores, de forma não discriminatória e a preços e condições justos e razoáveis.

Em linha com o que já foi mencionado em relação à norma da ANP, o compartilhamento não deverá comprometer o atendimento a parâmetros de qualidade, segurança e proteção ao meio ambiente, assim como de obrigações associadas às concessões, permissões ou autorizações outorgadas ou expedidas pelo Poder Concedente e de boas práticas internacionais para prestação dos respectivos serviços. Da mesma forma, o compartilhamento só poderá ser negado por razões de limitação na capacidade, segurança, estabilidade, confiabilidade, violação de requisitos de engenharia ou de cláusulas e condições emanadas do Poder Concedente.

De acordo com o Regulamento Conjunto, o agente interessado no compartilhamento em trecho já compartilhado por outro agente de seu setor, deverá negociar a utilização da capacidade excedente deste agente antes de solicitar o compartilhamento.

[318] BRASIL. **Resolução Conjunta nº 1, de 24 de novembro de 1999**. Aprova o Regulamento Conjunto para Compartilhamento de Infra-estrutura entre os Setores de Energia Elétrica, Telecomunicações e Petróleo. Brasília, DF: ANEEL, ANATEL, ANP, 1999. Disponível em: https://informacoes.anatel.gov.br/legislacao/resolucoes/resolucoes-conjuntas/84-resolucao-conjunta-1. Acesso em: 27 abr. 2022.

O mesmo rol de condutas prejudiciais à concorrência mencionados anteriormente está presente no Regulamento Conjunto.

As controvérsias em torno do compartilhamento de infraestruturas com base na Resolução Conjunta nº 1/1999 foi objeto de tese em que verificou-se maior relevância, ao menos até aquele momento, nos conflitos entre agentes dos setores de telecomunicações e energia. Com a abertura do setor de gás e maior número de agentes solicitantes do compartilhamento, espera-se, mais uma vez, um maior potencial de conflitos.

Outro potencial foco de conflitos é a elaboração, e também a operacionalização, dos códigos de rede. A Nova Lei do Gás (art. 3º, XXII) requer que os transportadores estabeleçam um código comum de rede, que deverá conter o conjunto de regras para promover a operação, de forma uniforme, harmônica, eficiente, segura e não discriminatória, dos sistemas de transporte de gás natural pelos transportadores.

O fato de que as transportadoras não pertencem mais ao Sistema Petrobras aumenta o potencial de conflitos na medida em que são ativos geridos e operados por diferentes empresas, cada uma no seu âmbito de atuação, sendo necessário estabelecer a empresa responsável por questões técnicas e perdas e danos (inclusive na forma de multas contratuais) em caso de problema que ocorra na interconexão entre os gasodutos e na troca de gás nessas instalações.[319]

A Nova Lei do Gás ainda atribuiu competência à ANP para classificar os dutos. Essa competência não é incontroversa, uma vez que, como tratado anteriormente, o segmento de distribuição é explorado pelos Estados, ao passo que o transporte de gás por meio de conduto é atividade sob monopólio da União Federal, regulada pela ANP.

Além disso, até o presente momento, tem-se a classificação de dutos de transporte, transferência, escoamento, assim como aqueles integrantes de

[319] Essa possibilidade é também reconhecida por Raphael Correia: "[...] até muito recentemente, os transportadores e distribuidores de gás natural no Brasil eram, majoritariamente, controlados pela Petrobras. Portanto, conflitos entre estes agentes eram menos comuns e mais facilmente resolvidos. Entretanto, no momento atual, com a desverticalização do setor e desinvestimento da Petrobras, espera-se que estas empresas passem a ter diferentes controladores, o que aumentaria, teoricamente, a possibilidade de conflitos entre elas." (CORREIA, Raphael Barboza. **Equilíbrio do espaço regulatório compartilhado no setor de gás natural brasileiro.** Dissertação para obtenção de grau de mestre apresentada à Escola de Direito do Rio de Janeiro da Fundação Getúlio Vargas. 2021. p. 16.)

terminais, com base na origem e no destino, e não com base em critérios técnicos relacionados ao diâmetro ou pressão dos dutos.[320]

No momento em que a ANP vier a regular a classificação de dutos[321], pode-se imaginar a possibilidade de conflitos regulatórios envolvendo agentes insatisfeitos com as propostas de classificação.[322]

Finalmente, a atividade de comercialização de gás é regulada pela ANP e seu exercício depende de autorização específica dessa agência. O assunto é atualmente objeto da Resolução ANP nº 52 de 29 de setembro de 2011, que define comercialização de gás natural como a atividade de compra e venda de gás natural, realizada por meio da celebração de contratos

[320] Nesse sentido, a Resolução ANP nº 50 de 22 de setembro de 2011 e a Resolução ANP nº 11/2016 definem gasoduto de transporte como o gasoduto que realize movimentação de gás natural desde instalações de processamento, estocagem ou outros gasodutos de transporte até instalações de estocagem, outros gasodutos de transporte e pontos de entrega a concessionários estaduais de distribuição de gás natural, ressalvados os casos previstos nos incisos XVII e XIX do caput do art. 2º da Lei nº 11.909/2009, incluindo estações de compressão, de medição, de redução de pressão e de entrega, respeitando-se o disposto no § 2º do art. 25 da Constituição Federal. A Resolução ANP nº 50/2011 estabelece, ainda, que os gasodutos iniciados em terminais de GNL e interligados à malha de transporte serão classificados pela ANP como integrantes ou não dessas instalações, e que os gasodutos que interligam terminais de GNL à malha de transporte serão considerados partes integrantes destes, desde que sejam dedicados e utilizados exclusivamente pelo terminal de GNL. Para classificação destes gasodutos, a ANP levará em conta critérios técnicos, regulatórios e econômicos, tais como extensão e percurso, tendo em vista a defesa da concorrência e potenciais mercados a serem atendidos; e concorrência com a malha de transporte existente ou planejada no âmbito do Plano Decenal de Expansão da Malha de Transporte Dutoviário do País, conforme disposto no art. 6º do Decreto nº 7.382, de 02 de dezembro de 2010. Havendo a interligação do terminal de GNL à malha de transporte por um gasoduto classificado como integrante deste terminal de GNL, qualquer interligação subsequente à malha de transporte somente será efetuada por gasodutos classificados como gasodutos de transporte, conforme o caput do art. 16 do Decreto nº 7.382/2010.

[321] Cf. AMORIM, Lívia. Classificação de infraestrutura dutoviária de movimentação de gás natural: as experiências comparadas do Brasil e da França. *In*: REIS, Henrique; MARIANI, Rômulo; GOMES, Victor. **Temas relevantes do novo mercado de gás natural: uma análise jurídica e regulatória, tomo I.** Rio de Janeiro : Synergia, 2020. p. 245-264

[322] A ABAR (Associação Brasileira de Agências de Regulação) manifestou sua preocupação com a aprovação do texto, principalmente por entender que o texto, na forma final, conflita com o parágrafo 2º do Artigo 25 da Constituição Federal, que atribui aos estados a responsabilidade por explorar diretamente, ou mediante concessão, os serviços locais de gás canalizado. Disponível em: https://abar.org.br/camara-aprova-nova-lei-do-gas-sem-emendas-defendidas-pela-abar/. Acesso em: 29 maio 2022.

negociados entre as partes e registrados na ANP, ressalvado o disposto no § 2º do art. 25 da Constituição Federal.

Por outro lado, a Nova Lei do Gás (art. 31) define comercialização de uma forma muito mais genérica, como a atividade de compra e venda de gás. De acordo com a Nova Lei do Gás, está excetuada do regime de autorização previsto na lei a comercialização de gás pela distribuidora local de gás canalizado aos seus consumidores cativos.

Contudo, a regulamentação de alguns estados prevê também a necessidade de autorização da agência reguladora estadual para o exercício dessas atividades no território do respectivo estado. Além disso, a definição de Consumidor Livre, que tem o direito de buscar outros fornecedores além da distribuidora, depende da regulamentação estadual, devendo ser sempre observado o disposto no Contrato de Concessão aplicável.[323]

Nesse sentido, é possível imaginar que o exercício da atividade de comercialização poderá resultar em conflitos regulatórios a respeito de diferentes critérios para o exercício da atividade e diferentes autorizações necessárias.

3.5.2. Conflitos comerciais

Da mesma forma, presume-se que poderão ocorrer com maior frequência conflitos comerciais envolvendo os termos e condições comerciais relativos ao acesso às infraestruturas essenciais, assim como penalidades por falhas no suprimento de gás, na prestação de serviço de transporte, no atendimento aos requisitos de qualidade ou especificação do gás, por perdas de gás e falhas de medição, entre outras situações que poderão ocorrer nas relações comerciais entre partes não relacionadas.[324]

[323] Ao tratarem do regime jurídico do consumidor livre de gás natural e energia elétrica, Alexandre Aragão e Patrícia Sampaio afirmaram que "para que seja viabilizada a existência de consumidores livres em setores de infraestrutura, faz-se necessário que o direito introduza normas que criem um ambiente favorável, como, por exemplo, regras sobre direito de acesso não discriminatório à infraestrutura e outros mecanismos regulatórios que espelhem condições isonômicas de entrada e permanência no mercado. Igualmente, será preciso uma tomada de decisão político-jurídica no sentido de propiciar a 'desverticalização' do setor e a submissão de certos segmentos a um regime competitivo." (ARAGÃO, Alexandre Santos de. **Direito do Petróleo e do Gás**. Belo Horizonte: Fórum, 2021. p. 268.)

[324] Alguns dos efeitos dos processos de desverticalização são abordados em: SILVEIRA LOBO, Marcello Portes da; VIANNA, Caio. **Desverticalização de setores**: quando o vendedor passa a

Até então, essas operações eram majoritariamente realizadas entre partes relacionadas (Petrobras e suas controladas ou coligadas), de forma que eventuais conflitos podiam ser resolvidos *interna corporis*, por meio de decisão da administração da companhia (*top down*), considerando a melhor solução para o grupo.

O maior número de agentes tem também o potencial de reduzir a padronização de contratos, ainda mais considerando-se que Petrobras, como uma sociedade de economia mista, está sujeita a procedimentos próprios de licitação e contratação não aplicáveis a sociedades sob controle privado. A própria escolha de foro aplicável ou de mecanismos para solução de controvérsias, incluindo mediação e arbitragem, poderá diferir conforme a negociação entre os agentes, podendo haver casos em que será desejável manter a coerência nessas disposições para possibilitar a consolidação de procedimentos arbitrais ou evitar decisões conflitantes.

Considerando a redução da dominância da Petrobras no setor e, consequentemente, do seu papel na coordenação entre oferta e demanda, o primeiro foco de conflito comercial diz respeito à falha no fornecimento de gás. Essa falha se dá no inadimplemento do fornecedor ou vendedor do gás em entregar ou disponibilizar o gás ao comprador no volume e especificação exigidos.

Os contratos de fornecimento de gás estabelecem um procedimento de nominação, pelo qual o comprador indica o quanto de gás será necessário dentro dos parâmetros contratuais, cabendo ao fornecedor a disponibilização desse volume. No caso de nominação inferior ao volume mínimo, quando estabelecido no contrato, o comprador poderá estar obrigado a efetuar o pagamento pelo volume mínimo, por meio da cláusula conhecida como *take or pay*, cuja função é garantir previsibilidade de demanda mínima pelo comprador.

Conforme já discutido, a indústria de gás é uma indústria de rede, de forma que o gás passa por diversas etapas até a entrega ao consumidor. Essas etapas podem envolver o escoamento e o tratamento, ou a importação com regaseificação, seguidos de transporte e distribuição, a depender da origem do gás e da etapa em que estiver sendo comercializado. O problema causador da falha no fornecimento poderá ocorrer em qualquer dessas

parceiro, cliente, fornecedor ou operador. Disponível em: https://www.pinheironeto.com.br/Documents/infraestrutura-brasil.pdf. p. 27-29. Acesso em: 21 maio 2022.

etapas, sendo necessário identificar onde ocorreu a falha e qual a parte que assumiu esse risco.

Além disso, a falha do fornecedor afetará as etapas a jusante do fornecimento, pois entrará menos gás no sistema de transporte ou de distribuição, o que poderá causar um desbalanceamento do sistema e, consequentemente, a necessidade de que o transportador ou o distribuidor providencie gás para suprir essa falta e evitar problemas na entrega a outros clientes ou, pelo menos, manter a operação segura do sistema.

Poderá ocorrer também a falha no recebimento, que ocorre quando o consumidor ou comprador deixa de receber o gás demandado ao fornecedor. Nesse caso, o fornecedor terá disponibilizado o gás na rede conforme a solicitação do consumidor, que, por alguma razão vinculada às suas instalações, deixará de recebê-lo conforme previsto.

O excesso de gás no sistema poderá também trazer complicações nas etapas à montante do consumo de gás, exigindo, da mesma forma, balanceamento do sistema.

Por outro lado, a falha no transporte ocorre quando o transportador deixa de receber ou de entregar o gás conforme solicitado pelo carregador de entrada ou de saída, respectivamente. Nesse caso, o consumidor poderá não receber o gás necessário às suas atividades, ainda que o seu fornecedor tenha cumprido com suas obrigações para disponibilizar o gás ao transportador.

A falha no transporte pode ocorrer por diversos motivos, incluindo falhas operacionais do transportador ao gerir a rede de transporte e as nominações de gás, e eventos causados por terceiros, que podem ou não ser tratados como caso fortuito ou força maior a depender do contrato, como nos casos em que um terceiro causa dano ao duto de transporte de gás, normalmente imaginando tratar-se de duto de combustíveis líquidos (os chamados eventos de trepanação).[325]

A falha no transporte poderá decorrer também em razão de falha nos equipamentos necessários à operação da rede de transporte, muitos dos quais arrendados de terceiros, ou até mesmo no fornecimento de

[325] Cf. entrevista com gerente da Transpetro indica aumento desse tipo de crime, disponível em: https://institutocombustivellegal.org.br/a-rota-do-crime-sem-legislacao-especifica-crescem-os-crimes-de-furtos-em-dutos-de-combustiveis-alerta-gerente-da-transpetro/. Acesso em: 22 maio 2022.

energia elétrica para o funcionamento desses equipamentos, quando aplicável.

Todos esses riscos deveriam ser devidamente alocados contratualmente, de forma a minimizar a necessidade de as partes discutirem a cada evento de quem é a responsabilidade. Entretanto, nem sempre isso será possível em razão da limitação das partes de regularem todos os assuntos de forma minuciosa, como já explorado no capítulo dois. Adicionalmente, determinados riscos podem ser incompatíveis com a remuneração de agentes de determinado segmento.

Já a falha na distribuição ocorre quando a distribuidora deixa de receber gás ou de entregar o gás ao consumidor no volume ou especificação exigidos. Essa falha pode decorrer de falta de gás no sistema, se fornecedores de gás não tiverem cumprido com suas obrigações de fornecimento, ou de falhas operacionais, entre outras.

No caso do consumidor ou usuário cativo[326], a distribuidora é também responsável pela contratação do gás, de forma que sua falha poderá decorrer não apenas da operação da rede de distribuição, como também de falha de fornecimento pelo seu próprio supridor de gás.

Ainda que o gás seja disponibilizado pelo fornecedor, recebido pelo transportador ou distribuidor e entregue ao comprador, o gás natural deve atender às especificações da ANP, conforme Resolução ANP nº 16 de 17 de junho de 2008. O gás que não atenda a essas especificações poderá causar danos a equipamentos de transporte, distribuição e consumo, resultando em conflitos adicionais.

É importante lembrar que o gás natural produzido possui outros componentes, incluindo líquidos. Por essa razão, precisa passar pela unidade de tratamento ou processamento de gás natural, de forma que a separação desses elementos possa ocorrer, tornando o gás natural bruto em gás natural especificado. Eventual falha no tratamento do gás ou descumprimento de especificações em outros gases produzidos ou importados poderá resultar em gás desconforme sendo inserido no sistema e misturando-se com gás especificado. Uma vez ocorrida essa mistura,

[326] Tratando-se de serviço público, o termo usuário é mais apropriado, em linha com a Lei nº 13.460, de 26 de junho de 2017 (Código de Defesa dos Usuários de Serviços Públicos). Considerando o uso dos dois termos, consumidor e usuário, na legislação federal e nas legislações estaduais, os dois termos serão utilizados com o mesmo sentido para fins de simplicidade.

qualquer cliente poderá receber gás desconforme e sofrer danos em seus equipamentos e processos industriais.

Esse risco não está limitado ao gás natural, de origem fóssil.

A Nova Lei do Gás (art. 3º, parágrafo 2º) estabelece que o gás que não se enquadrar na definição de gás natural poderá ter tratamento equivalente, desde que aderente às especificações estabelecidas pela ANP. Nesse sentido, a Resolução ANP nº 8, de 30 de janeiro de 2015, estabelece que é vedada a comercialização de biometano que não atenda a especificação estabelecida no Regulamento Técnico, parte integrante da Resolução, e que, por outro lado, o biometano que atenda à especificação estabelecida no Regulamento Técnico poderá ser misturado ao gás natural. Da mesma forma, alguns regulamentos estaduais já contêm previsão de movimentação de biometano nos dutos de distribuição.[327]

Não obstante o biometano ser intercambiável com o gás natural, a cadeia de valor dos biocombustíveis, como o biometano, difere da cadeia de valor do gás natural. Dessa forma, os eventos que podem caracterizar falha na produção e entrega do biometano são, em regra, diferentes daqueles aplicáveis ao gás natural, fruto de exploração e produção em jazidas.

No que diz respeito aos problemas envolvendo volume de gás, o balanceamento é o processo pelo qual o transportador deverá equilibrar a rede de transporte, em termos de volumes recebidos e a serem entregues. Havendo falha de um determinado fornecedor, a própria operação do sistema de transporte poderá ser afetada, especialmente no que diz respeito à pressão necessária para a movimentação dos volumes cabíveis.

A Resolução ANP nº 16, de 16 de março de 2016, define (art. 2º, XXII) o desequilíbrio como a diferença entre os volumes injetados na instalação de transporte pelo carregador, ou por quem este venha a indicar, e os volumes retirados pelo carregador, ou por quem o carregador indique, devendo ser descontados os volumes de gás natural referentes ao gás de uso no sistema e às perdas extraordinárias, durante um determinado período de tempo.

Os gasodutos já devem conter um volume mínimo de gás conhecido como estoque de referência ou gás de empacotamento (*linepack gas*), permitindo a movimentação dos volumes adicionais. A diferença entre

[327] Por exemplo, Deliberação ARSESP nº 744, de 26 de julho de 2017. Disponível em: http://www.arsesp.sp.gov.br/LegislacaoArquivos/ldl7442017.pdf. Acesso em: 27 abr. 2022.

o gás recebido no sistema e o gás entregue poderá resultar em utilização do estoque de referência, e eventualmente comprometer o serviço de transporte ou exigir sua reposição. Havendo necessidade de utilização desse gás em curto espaço de tempo para dar flexibilidade à demanda, o transportador deverá repor o volume tão logo possível com o fim de evitar prejuízos à operação do sistema, incluindo a redução da pressão.

O mesmo poderá ocorrer na distribuição, caso o recebimento de gás seja inferior à retirada.

Para fins de balanceamento e operação do sistema, a Resolução ANP nº 11, de 16 de março de 2016, estabelece (art.12) que o transportador poderá comprar ou vender gás natural apenas nas quantidades necessárias ao gás de uso do sistema e para formação e manutenção do empacotamento necessário para a prestação de serviço de transporte de acordo com as melhores práticas da indústria de gás natural.[328]

Transitoriamente, a Resolução CNPE nº 3, de 7 de abril de 2022[329], estabeleceu como de interesse da Política Energética Nacional que a Petrobras (agente que ocupa posição dominante) oferte serviços de balanceamento de rede e produtos de flexibilidade no mercado de curto e longo prazo, devidamente remunerados, garantindo a segurança do abastecimento nacional durante período de transição ou enquanto não houver outros agentes capazes de ofertarem esses serviços. Entretanto, ainda que a Petrobras tenha esse papel de supridor de última instância, a tendência com a redução do papel da Petrobras é de que os conflitos a esse respeito comecem a surgir em breve.

No mesmo sentido, o gás de uso no sistema é o gás natural necessário para a operação da instalação de transporte, incluindo o gás combustível, o gás não contado e as perdas operacionais.

[328] BRASIL. **Resolução ANP nº 11, de 16 de março de 2016**. Rio de Janeiro: ANP, 2016. Disponível em: https://atosoficiais.com.br/anp/resolucao-n-11-2016?origin=instituicao&q=11/2016. Acesso em: 22 maio 2022.

[329] BRASIL. **Resolução CNPE nº 3, de 7 de abril de 2022.** Estabelece as diretrizes estratégicas para o desenho do novo mercado de gás natural, os aperfeiçoamentos de políticas energéticas voltadas à promoção da livre concorrência nesse mercado, os fundamentos do período de transição, e dá outras providências. Rio de Janeiro: ANP, 2022. Disponível em: https://www.gov.br/mme/pt-br/assuntos/conselhos-e-comites/cnpe/resolucoes-do-cnpe/2022/ResoluoCNPE_3_2022.pdf. Acesso em: 22 maio 2022.

A partir do momento em que o transportador se torna o responsável pela aquisição de gás para esses fins, eventual falha no suprimento pelo supridor ao transportador poderá resultar em falha no serviço de transporte.

Esses potenciais conflitos podem ser mitigados pela estocagem, etapa da cadeia de gás natural que tem por objetivo dar flexibilidade tanto à demanda quanto à oferta. Caso ocorra um excesso de oferta em relação à capacidade de absorção pela demanda, o gás em excesso poderá ser direcionado à estocagem para utilização no futuro. Por outro lado, no caso de excesso de demanda e incapacidade da oferta de atendimento, o gás estocado poderá ser utilizado.

A estocagem, portanto, é um importante instrumento de garantia de flexibilidade ao sistema, inclusive no caso de interrupções ou falhas.[330]

3.6. O papel a ser desempenhado pela ANP na solução de conflitos no setor do gás

É inquestionável o papel que a legislação setorial atribui à ANP na solução de eventuais conflitos regulatórios e também comerciais, nos diferentes segmentos do setor de gás. Como se verificou, diversos normativos estabelecem expressamente que caberá à ANP a solução dos conflitos, seja por conciliação, mediação ou arbitragem regulatória, como discutido no capítulo dois.

Também inquestionável o conhecimento do setor detido pela ANP, agência que já acumula mais de 25 anos de existência, com atuação nos diversos segmentos do setor de petróleo e gás. Esse conhecimento resulta de sua atuação diária na produção de normativos, elaboração de estudos, análises de impacto regulatório e notas técnicas, apuração de denúncias, fiscalização e na própria decisão formal ou informal de situações levadas pelos agentes à ANP.

A partir da descrição do setor de gás e de seu funcionamento, é possível verificar que trata-se de setor marcado por características de indústria de

[330] Cf. TAVARES, Amanda; ALMEIDA, José Ricardo Uchôa Cavalcanti. A estocagem subterrânea como fonte de flexibilidade da oferta de gás natural. *In:* ALMEIDA, Edmar Luiz Fagundes de; PRADE, Yanna Clara; ALMEIDA, José Ricardo Uchôa Cavalcanti (Org.). **Flexibilidade na indústria de gás natural**: mecanismos e estratégias para apoiar a concorrência no mercado brasileiro; organização. 1ª ed. Rio de Janeiro: Synergia, 2021. p. 115-133.

rede, com interdependência entre os segmentos e agentes envolvidos, com potencial de aumento de conflitos em razão da transição para ambiente com pluralidade de agentes em regime de concorrência.

Nesse contexto, a ANP poderia contribuir de forma relevante para a prevenção e solução de conflitos, tanto em sua função normativa, por meio da elaboração das normas necessárias à regulação da Lei do Gás conforme previsto em sua agenda regulatória, com a devida observância dos procedimentos previstos na Lei de Agências Reguladoras, como na eventual solução de conflitos que lhe sejam levados pelos agentes.

Deve ser digno de nota o uso do termo "solução" de conflito, e não "adjudicação" do conflito, tendo em vista a prioridade dada pela própria regulamentação aplicável aos métodos autocompositivos, em que as próprias partes, com a assistência da agência ou não, podem resolver os conflitos, ou reduzir os pontos de atrito ou controvérsia, antes de submissão ao processo de arbitragem regulatória.

Para esse fim, todavia, considera-se relevante que a agência (leia-se, seu corpo funcional) esteja devidamente capacitada para o desenvolvimento desse papel da melhor forma possível e em linha com o que se espera de um terceiro facilitador do diálogo entre as partes, como foi discutido neste trabalho.

A já mencionada análise comparativa contida na Tabela 3 poderá auxiliar as partes na determinação do método mais adequado para a solução de um conflito específico. Todavia, não há qualquer pretensão ou possibilidade, de fixar, desde já, uma regra geral sobre qual o método mais adequado para a solução de cada tipo de conflito. Diversos fatores devem ser considerados pelas partes envolvidas. E mais, ao tempo em que os conflitos tiverem que ser solucionados, conforme o grau de desenvolvimento do mercado e das instituições.

Assim, as características intrínsecas a cada conflito, que podem determinar sua classificação como regulatório ou comercial conforme os conceitos adotados neste trabalho, não são elementos suficientes para determinar uma ou outra solução mais adequada. Deverão ser considerados outros aspectos, como o histórico do emprego de cada um desses métodos, se houve coerência das decisões anteriores com o arcabouço regulatório, se houve algum grau de ingerência política nessas decisões, se o entendimento do judiciário ou da agência tem se mostrado consolidado quanto ao objeto da controvérsia, o interesse das partes quanto à confidencialidade e à manutenção de sua relação comercial, custos envolvidos para solucionar o conflito específico, entre outros.

Dessa forma, ainda que a atuação da agência reguladora possa, ao menos em tese, ser mais benéfica na solução de conflitos regulatórios conforme discutido neste capítulo, a sua atuação não será recomendável para a solução de todo e qualquer conflito regulatório. Nem tampouco estará limitada somente a esses, podendo ser recomendável na solução de conflitos comerciais. Por outro lado, não se pode dizer que os demais métodos deverão ser sempre evitados pelas partes.

Se alguma regra geral pode ser extraída deste trabalho, é que, na ausência de acordo entre as partes, o envolvimento de terceiros poderá ser necessário para a solução do conflito, com maior ou menor interferência em sua relação, a depender do método de solução escolhido. Assim, caberá às partes envolvidas evitar que um conflito se transforme em uma disputa ou em litígio, caso em que a sua solução poderá sair de seu controle.

CONCLUSÕES

A hipótese que orientou este trabalho foi de que o envolvimento de agências reguladoras, especialmente da ANP como agência federal e responsável por regular a maior parte das atividades do setor de gás, pode ser benéfica para uma solução mais adequada dos conflitos ou, quando menos, contribuir para que a decisão de terceiro (juiz ou árbitro) seja mais informada e coerente com os objetivos da regulação, na medida que a atuação prévia do regulador possa ter reduzido a assimetria de informações entre os agentes, agências reguladoras e o próprio decisor, ou o escopo do conflito.

Para esse fim, as seguintes perguntas nortearam sua elaboração: (1) qual o papel institucional da ANP (a título de exemplo de agência reguladora setorial) na solução de conflitos e se pode atuar diretamente para arbitrar o conflito, ou se é etapa prévia e necessária a conciliação ou a mediação; (2) quais são alguns dos fundamentos de legitimidade para essa atuação regulatória na solução de conflitos; e (3) em que medida a atuação das agências reguladoras poderia, ao menos em tese, limitar ou ser benéfica em caso de eventual recurso das partes ao Judiciário após decisão pela agência reguladora.

Com base na análise desenvolvida, pode-se concluir que a ANP foi expressamente dotada de competência pela legislação setorial para atuar na solução de conflitos, tanto de forma mais genérica (solução de conflitos entre agentes econômicos, e entre estes e usuários e consumidores), como de forma mais específica (conflitos envolvendo acesso e compartilhamento de infraestruturas).

Para tanto, a ANP deverá seguir o disposto na legislação, de forma que sua atuação deverá ser exercida mediante conciliação ou arbitramento, de forma a, entre outros objetivos, prevenir a ocorrência de divergências.

Embora não exista comando legal específico no sentido de que a conciliação ou a mediação seriam etapas prévias, entende-se que a tentativa de solução autocompositiva deverá preceder eventual arbitragem regulatória, com as devidas ressalvas já indicadas de que não pode a agência aguardar eternamente esse desfecho.

Esse entendimento se baseia nas características da conciliação ou mediação, como mecanismos não adversariais com potencial maior de pacificação do conflito, e no contexto atual que privilegia uma cultura de pacificação. Adicionalmente, ainda que trate-se de norma infralegal, na própria previsão de seu Regimento Interno, que faz referência à expressão "caso não haja acordo entre as partes em conflito" e está, portanto, alinhado com essas características.

Quanto aos fundamentos de legitimidade da ANP, todavia, há motivos para algumas preocupações. Em primeiro lugar, sua competência atribuída por lei possui natureza bastante distinta dos demais procedimentos de conciliação, mediação e arbitragem, em que a legitimidade do conciliador, mediador ou dos árbitros resulta da própria vontade das partes, seja mediante sua indicação ou aceitação de indicação por terceiro.

Além disso, os princípios que regem a atuação da ANP, expressamente indicados na Lei de Agências Reguladoras, diferem dos princípios dispostos na Lei de Arbitragem, na Lei de Mediação e no próprio CPC, podendo haver incompatibilidade. Especialmente, são dignos de nota a independência e a imparcialidade, tanto nos casos de arbitragem como de conciliação e mediação. E, nesses últimos mecanismos, a informalidade, oralidade e a confidencialidade, como regra.

Ainda que regulamentação da ANP faça referência à independência, a própria função exercida pelos integrantes da agência já poderia representar, em tese, um conflito de interesses. Adicionalmente, considerando as competências normativas, fiscalizatórias e adjudicatórias das agências reguladoras, é de se esperar que os agentes tenham preocupação em compartilhar com a agência informações sensíveis.

Um dos mecanismos discutidos para contornar essa resistência seria o estabelecimento de barreiras éticas entre integrantes da agência ou até mesmo um departamento específico para fins de solução de controvérsias, estabelecendo-se que os indivíduos envolvidos nessa atividade não poderão atuar como fiscalizadores ou sancionadores dos agentes em conflito.

Por outro lado, verificou-se que não basta à atuação de conciliadores e mediadores o conhecimento na matéria, sendo necessário também treinamento com o objetivo de capacitar essas pessoas na condução de procedimentos de conciliação ou mediação, tal como ocorre com alguns conciliadores judiciais.

É claro que essas observações são baseadas na teoria discutida e nada impede que agentes hoje presentes no mercado possam avaliar, em cada caso específico, a conveniência e seu grau de conforto em submeter eventual conflito à agência.

De todo modo, acredita-se que o setor regulado se beneficiaria com a adoção das medidas mencionadas acima para fins de assegurar a independência e imparcialidade, assim como a capacitação dos envolvidos, e também de previsão legal expressa a respeito da aplicabilidade de tais princípios aos procedimentos regulatórios, além da possibilidade de confidencialidade de matérias comerciais sensíveis.

Presumindo-se que seja possível enfrentar esses desafios, o envolvimento das agências reguladoras, incluindo a ANP no setor do gás, poderia ser mais adequada do que o Judiciário ou até mesmo arbitragem comercial na solução de conflitos envolvendo agentes do setor, tanto em razão da possibilidade de limitação ou redução do objeto da controvérsia – na medida que a agência pode ser envolvida para solucionar parte do conflito apenas (parte essa que, se solucionada, já seria menos um item em eventual disputa judicial ou arbitral) – como, também, para reduzir a assimetria de informações entre as partes com consequências práticas na sua propensão a negociar.

A depender da condução do processo de solução de controvérsia, o envolvimento da agência poderia permitir a um futuro decisor, ainda que respeitada a confidencialidade sobre alguns aspectos do processo de conciliação ou mediação, melhor entendimento a respeito das consequências regulatórias de uma decisão em um ou em outro sentido. No caso de eventual decisão em sede de arbitragem regulatória vir a ser questionada no Judiciário, a fundamentação da decisão regulatória poderia também facilitar a correta aplicação da doutrina da deferência pelo Judiciário, na medida que poderia ter elementos para avaliar as consequências de eventual reversão.

Conclui-se, portanto, que o envolvimento de agências reguladoras, especialmente da ANP como agência federal e responsável por regular a maior parte das atividades do setor de gás, poderá, eventualmente, ser benéfica para uma solução mais adequada dos conflitos ou, quando menos, contribuir para que a decisão de terceiro (juiz ou árbitro) seja mais informada e coerente com os objetivos da regulação, na medida que a atuação prévia do regulador possa ter reduzido a assimetria de informações entre os agentes, agências reguladoras e o próprio decisor, ou o escopo do conflito.

O arcabouço regulatório atual, todavia, não está isento da recomendação de aprimoramentos que possam garantir maior robustez e segurança ao papel da ANP nesse sentido para que esse resultado possa ser devidamente atingido.

Em qualquer caso, com base nas discussões contidas no capítulo um a respeito da decisão de litigar e fatores que influenciam a possibilidade de acordos, melhorias regulatórias podem não ser suficientes na medida em que continuem presentes os atuais incentivos para que as partes busquem solução temporária ou definitiva para seus conflitos no Judiciário, muitas vezes sem qualquer necessidade ou solidez de seu direito, simplesmente em razão da facilidade de se obter decisões liminares, da gratuidade de justiça, seja absoluta ou relativa (em disputas de grande valor).

Sem mecanismos adequados de solução de conflitos, os objetivos da regulação dificilmente serão alcançados em sua máxima medida em razão da falta de segurança jurídica e regulatória para o exercício das atividades do setor.

O assunto não é simples e nem tampouco se esgota com este trabalho, que teve foco no setor de gás. Há um longo caminho pela frente na capacitação dos indivíduos que pertencem aos quadros das agências reguladoras, na implementação de mecanismos que permitam maior percepção de sua legitimidade pelas partes e no próprio aprendizado institucional a partir dos primeiros casos, para que possam atuar de forma eficaz na solução de conflitos, sem contar a correção dos mencionados incentivos que levam agentes à adoção de comportamento estratégico com recursos ao Judiciário em detrimento dos demais agentes e da regulação setorial.

O que foi discutido em relação à ANP e ao setor de gás pode ser reproduzido em relação ao papel institucional de outras agências reguladoras setoriais, sendo possível extrapolar as conclusões a que se chegou a outros setores regulados, desde que observadas suas peculiaridades e sua legislação própria.

Tabela 1 – Papeis de um Intermediário

1. Ajudar com trocas informais (pré negociações e diplomacia informal/ *shuttle diplomacy*) (Explorar de forma sutil ou oficiosa o espaço para negociações)
2. Ajudar cada parte a melhor se preparar para as negociações (foco nos interesses; opções criativas; etc.)
3. Ajudar a avaliar a razoabilidade da melhor alternativa à negociação para cada parte
4. Ajudar com facilitação; bons escritórios (Anfitrião das reuniões; relator (mantendo as atas); resumo dos argumentos; minuta de documentos de relações públicas)
5. Ajuda com o ambiente (manter as regras de debate civilizado; ajudar oradores reticentes)
6. Ajudar relacionamentos (estabilizar e controlar emoções dos protagonistas; ajudar a dispersar conflitos de personalidade; separar as pessoas dos problemas)
7. Ajuda com troca de informações (comunicar material confidencial selecionado; uso de diplomacia informal; ajuda a uma parte para se afastar de um compromisso irrazoável; comunicar a seriedade de um compromisso)
8. Ajuda na identificação dos fatos
9. Ajuda com expertise no assunto
10. Ajuda no processo de negociação (como um professor) (incentivar solução conjunta de problemas lado a lado; desincentivar negociação

com base em posicionamentos; incentivar criatividade conjunta com reivindicações excessivas; buscar padrões externos de legitimidade)

11. Ajuda com intervenções analíticas na solução de problemas (exploração de incertezas; previsões; uso de modelagem (computacional) por especialistas neutros; fazer com que as partes desenvolvam modelos para serem usado privadamente e em conjunto)
12. Ajudar no preparo de modelos (lista de assuntos e opções) e textos de negociação individual
13. Ajudar na geração de acordos de compromisso eficientes (explorar diferenças em avaliações probabilísticas, aversão ao risco, concessões recíprocas de valor no tempo (taxas de desconto, por exemplo), necessidades simbólicas, etc.)
14. Ajudar conjuntamente na melhoria dos contratos finais (acordos pós transação)
15. Ajudar (se perguntado) com sugestão de propostas de compromisso (*compromise proposals*)
16. Ajudar (se perguntado) na decisão

Tabela 2 – Barreiras à Intermediação

1. Intermediário pode não ser neutro
2. Intermediário pode ter interesses próprios
3. Intermediário pode não entender as sutilezas da situação, estar desinformado
4. Partes podem perder o controle – não mais os senhores dos seus negócios
5. Intermediário incoerente pode escalar o conflito
6. Intermediário pode adicionar assuntos que seria melhor deixar intocados
7. Intermediário pode não querer explorar problemas relacionados
8. Partes aceitando o intermediário podem considerar que recuaram (*lose face*); um sinal de fraqueza; que seu orgulho sofre; que sua reputação sofre
9. Informação confidencial pode vazar
10. Intermediário pode não ser competente
11. Melhor solução pode ser a solução a que se chega livremente
12. Flexibilidade pode ser perdida; intermediário pode complicar as trocas
13. Partes podem temer que intermediário insista em padrões legais internacionais
14. Intermediário pode ser crítico
15. Intermediário pode não levar em conta desequilíbrios de poder
16. Intermediário pode aumentar a pressão para aceitar um compromisso pior do que o status quo
17. Partes podem não querer resolver o conflito
18. Intermediário pode estar interessado em manter as conversas acontecendo
19. Intermediário pode aumentar a incerteza do resultado
20. Quem seleciona? Quem paga? etc.

Tabela 3 – Características dos Meios Adequados de Solução de Controvérsias

	Negociação direta entre as partes	Conciliação / Mediação	Arbitragem	Judiciário	Conciliação/ Mediação Regulatória (ANP)	Arbitragem/ Adjudicação-Regulatória (ANP)
Objeto	Amplo	Conflitos envolvendo direitos patrimoniais disponíveis ou direitos indisponíveis que admitam transação	Conflitos envolvendo direitos patrimoniais disponíveis	Qualquer ameaça ou lesão a direito	Conflitos entre agentes econômicos, e entre estes e usuários e consumidores, inclusive no compartilhamento e acesso a dutos de transporte e infraestruturas essenciais	Conflitos entre agentes econômicos, e entre estes e usuários e consumidores, inclusive no compartilhamento e acesso a dutos de transporte e infraestruturas essenciais
Legitimidade do procedimento	Conferida pelas partes	Conferida pelas partes	Conferida pelas partes	Conferida pela Lei	Conferida pela Lei	Conferida pela Lei
Independência	n/a	Expressa no CPC	Expressa na Lei de Arbitragem	Observados os casos de impedimento ou suspeição	Agência sujeita aos princípios da legalidade, finalidade, motivação, razoabilidade, proporcionalidade,moralidade, honestidade, imparcialidade, ampla defesa, contraditório, segurança jurídica, interesse público e eficiência	Agência sujeita aos princípios da legalidade, finalidade, motivação, razoabilidade, proporcionalidade,moralidade, honestidade, imparcialidade, ampla defesa, contraditório, segurança jurídica, interesse público e eficiência

Imparcialidade de terceiro	n/a	Expressa no CPC, na Lei de Mediação	Expressa na Lei de Arbitragem	CPC	Lei de Agências	Lei de Agências
Autonomia da vontade	Ampla, sujeita ao Código Civil	Expressa no CPC, na Lei de Mediação	n/a	n/a	Menor do que na mediação comercial	n/a
Confidencialidade	A critério das partes	Expressa no CPC, na Lei de Mediação	A critério das partes	Em regra, depende de justificativa e decisão judicial	Em regra, publicidade	Em regra, publicidade
Oralidade	n/a	Expressa no CPC, na Lei de Mediação	n/a	n/a	n/a	n/a
Informalidade	Espaço para soluções criativas	Expressa no CPC, na Lei de Mediação; espaço para soluções criativas	Procedimento formal, com maior liberdade que judicial; limites do procedimento inibem criatividade	Procedimento formal; limites do procedimento inibem criatividade	Procedimento formal	Procedimento formal
Decisão informada	n/a	Expressa no CPC	Decisão por terceiro	Decisão por terceiro	n/a	Decisão por terceiro
Isonomia	n/a	Expressa na Lei de Mediação	n/a	n/a	n/a	n/a
Busca de consenso	n/a	Expressa na Lei de Mediação	Decisão por terceiro	Decisão por terceiro	n/a	Decisão por terceiro
Boa-fé	Código Civil	Expressa na Lei de Mediação	Código Civil	Expresso no CPC	Código Civil	Código Civil
Competência do terceiro	n/a	n/a	Expressa na Lei de Arbitragem	Presunção legal, concursado	n/a	n/a
Diligência	n/a	n/a	Expressa na Lei de Arbitragem	n/a	n/a	n/a

Discrição no desempenho da função	n/a	n/a	Expressa na Lei de Arbitragem	n/a	n/a	n/a
Formação/ conhecimento do setor regulado	As partes conhecem ou deveriam conhecer o setor em que atuam	Mediador pode ou não conhecer o setor regulado para facilitar entendimento das partes	Árbitros podem ou não conhecer o setor regulado; potencial formação multidisciplinar, complementar à jurídica	Magistrado desconhece, em regra, o setor regulado; formação eminentemente jurídica	Conhece o setor regulado	Conhece o setor regulado
Preservação da relação	Autocomposição; preserva a relação comercial	Autocomposição; preserva a relação comercial	Adversarial; não garante a preservação da relação comercial	Adversarial; não garante a preservação da relação comercial	Autocomposição; preserva a relação comercial	Adversarial; não garante a preservação da relação comercial
Controle sobre prazo	Prazo gerido pelas partes	Prazo determinado pelas partes	Prazo procedimental maior, com possibilidade de tutelas de urgência	Prazo procedimental maior, com possibilidade de tutelas de urgência	Prazo procedimental, mais flexível do que arbitragem ou judicial	Prazo procedimental, menos flexível do que conciliação ou mediação regulatória
Confiança para apresentar propostas	Risco de propostas serem usadas em litígio	Propostas não podem ser usadas em litígio	n/a	n/a	Risco de informações serem usadas nas funções normativas, fiscalizatórias e adjudicatórias	n/a
Suspensão ou Interrupção de Prescrição e decadência	Prazos prescricionais e decadenciais em curso	Suspende prazo prescricional	Interrompe prazo prescricional	Interrompe prazo prescricional	Prazos prescricionais e decadenciais em curso	Prazos prescricionais e decadenciais em curso
Escolha de terceiros	Liberdade de escolha de assessores	Liberdade de escolha de assessores e mediador	Liberdade de escolha de assessores e árbitros, total ou parcialmente	Liberdade de escolha de assessores, mas não do julgador	Liberdade de escolha de assessores, mas não do conciliador / mediador	Liberdade de escolha de assessores, mas não do julgador

Modificação ou Recurso	Revisão a critério das partes	Revisão a critério das partes	Sem possibilidade de recurso	Possibilidade de recursos, sem conclusão rápida	Revisão a critério das partes	Possibilidade de recurso ao Judiciário
Satisfação	Mútuo acordo, partes satisfeitas	Mútuo acordo, partes satisfeitas	Ganhador e perdedor, com risco de decisão baseada em critérios equitativos (salomônica) e insatisfação com decisão	Ganhador e perdedor, com maior probabilidade de embasamento puramente legal; insatisfação com decisão	Mútuo acordo, partes satisfeitas	Ganhador e perdedor, com risco de insatisfação com decisão e recurso ao Judiciário
Custos de transação	Custo de transação (assessores, tempo, pessoal)	Custo de transação e honorários do mediador	Custos adicionais de transação e custo do procedimento (mais elevado)	Custos adicionais de transação e custo do processo (mais elevado)	Custo de transação (assessores, tempo, pessoal)	Custo de transação (assessores, tempo, pessoal)

Tabela 4 – Comparação entre Nova Lei do Gás e Lei do Gás de 2009

Aspecto	Lei do Gás de 2009	Nova Lei do Gás
Âmbito de aplicação	Gás natural.	Outros gases podem ter tratamento equivalente, observadas as especificações estabelecidas pela ANP.
Desverticalização	Não aplicável.	Transportador deve ter independência e autonomia em relação aos agentes que exerçam atividades concorrenciais da indústria de gás natural.
Regime de outorga da atividade de transporte de gás	Concessão, mediante licitação, em regra, tendo por critério a menor receita anual. Autorização em casos específicos.	Autorização, com possibilidade de processo seletivo público em caso de interesse de outros transportadores.
Prazo da outorga	30 anos.	Sem especificação.
Titularidade dos ativos de transporte após o prazo	Incorporados ao patrimônio da União ao final do prazo.	Permanecem sob titularidade do agente econômico.
Tarifas de transporte	Tarifa máxima fixada pela ANP no processo de chamada pública.	Receita máxima permitida estabelecida com base no processo para alocação de capacidade.

Indenização e reversão de ativos de transporte	Incorporação ao patrimônio da União com indenização da parcela não depreciada ou amortizada.	Não aplicável.
Reorganização societária, redução de capital e mudança de controle do transportador	Aprovação prévia necessária, se concessionária. Não aplicável, se autorizada.	Aprovação prévia necessária.
Importação e exportação	Autorização do MME.	Autorização da ANP.
Livre acesso de terceiros	Aplicável a gasodutos de transporte. Não obrigatório para gasodutos de escoamento, instalações de tratamento ou processamento e terminais de liquefação e regaseificação.	Aplicável a gasodutos de transporte, instalações de estocagem subterrânea, gasodutos de escoamento, instalações de tratamento ou processamento e terminais de GNL.

REFERÊNCIAS

ALMEIDA, Edmar Fagundes de; COLOMER, Marcelo. **A indústria do gás natural**: fundamentos técnicos e econômicos. Rio de Janeiro: Synergia: FAPERJ IE/UFRJ: UFF, 2013.

ALMEIDA, Edmar Fagundes de; PRADE, Yanna; ALMEIDA, José Ricardo Uchôa Cavalcanti (Org.). **Flexibilidade na indústria de gás natural**: mecanismos e estratégias para apoiar a concorrência no mercado brasileiro. 1ª ed. Rio de Janeiro: Synergia, 2021.

ALMEIDA, Edmar Fagundes de; PRADE, Yanna; ALMEIDA, José Ricardo Uchôa Cavalcanti. Flexibilidade na indústria de gás natural: aspectos conceituais. *In*: Edmar Luiz Fagundes de Almeida, Yanna Clara Prade, José Ricardo Uchôa Cavalcanti Almeida (Org.). **Flexibilidade na indústria de gás natural**: mecanismos e estratégias para apoiar a concorrência no mercado brasileiro; organização. 1ª ed. Rio de Janeiro: Synergia, 2021.

AMORIM, Lívia. Classificação de infraestrutura dutoviária de movimentação de gás natural: as experiências comparadas do Brasil e da França. *In*: REIS, Henrique; MARIANI, Rômulo; GOMES, Victor. **Temas relevantes do novo mercado de gás natural:** uma análise jurídica e regulatória, tomo I. Rio de Janeiro: Synergia, 2020. p. 245-264

ANNES, L. F. **Dispute Settlement Under the Brazilian Petroleum Agency – ANP**: A Case-law Overview Concerning the Open Access to the Bolivia-Brazil Natural Gas Pipeline. *In*: Cadernos do Programa de Pós-Graduação em Direito – PPGDir./UFRGS, [S. l.], v. 2, n. 5, 2014. Disponível em: https://seer.ufrgs.br/index.php/ppgdir/article/view/49549. Acesso em: 15 out. 2022.

ANP. **Agenda Regulatória 2022-2023**. Disponível em: https://www.gov.br/anp/pt-br/acesso-a-informacao/acoes-e-programas/ar/agenda-regulatoria-2022-2023_versao_site.pdf. Acesso em: 23 abr. 2022.

ARAGÃO, Alexandre Santos de. **Agências Reguladoras e a evolução do Direito Administrativo Econômico**. 3. ed. Rio de Janeiro: Forense. 2013.

ARAGÃO, Alexandre Santos de. **Direito do Petróleo e do Gás.** Belo Horizonte: Fórum, 2021. p.253.

ARROW, Kenneth J., MNOOKIN, Robert H., ROSS, Lee, TVERSKY, Amos, WILSON, Robert B. **Barriers to Conflict Resolution**. W.W. Norton & Company, 2007.

AZEVEDO, Henrique Sampaio de. **A legitimidade institucional da estrutura regulatória brasileira pós-88**. Dissertação (mestrado) – Escola de Direito do Rio de Janeiro da Fundação Getulio Vargas. 2017.

BALDWIN, Robert; CAVE, Martin; LODGE, Martin. **Understanding Regulation**: Theory, Strategy, and Practice. 2a ed. Oxford [u.a]: Oxford University Press, 2012.

BANDOS, Melissa Franchini Cavalcanti. **Análise dos conflitos, das negociações e dos contratos gerados pelo compartilhamento de infra-estrutura entre empresas reguladas pelas agências ANEEL, ANATEL e ANP**. Tese (Doutorado em Administração) – Faculdade de Economia, Administração e Contabilidade, Universidade de São Paulo, São Paulo, 2008. Disponível em: https://www.teses.usp.br/teses/disponiveis/12/12139/tde-15012009-171653/pt-br.php. Acesso em: 14 maio 2022.

BARROS, Octávio Fragata M. de; SAMPAIO, Patrícia Regina Pinheiro. Arbitragem em questões regulatórias: possibilidades, limites e critérios para a efetivação do princípio da publicidade. *In*: FONSECA, Reynaldo Soares da; COSTA, Daniel Castro Gomes da (Coord.). **Direito regulatório**: desafios e perspectivas para a Administração Pública. Belo Horizonte: Fórum, 2020.

BRASIL. **Justiça em números 2022: ano-base 2021**. Brasília: CNJ, 2022. Disponível em: https://www.cnj.jus.br/wp-content/uploads/2022/09/justica-em-numeros-2022-1.pdf. Acesso em: 29 out. 2022.

BRASIL. **Constituição da República Federativa do Brasil de 1988**. Brasília, DF: Assembleia Nacional Constituinte, 1988. Disponível em: http://www.planalto.gov.br/ccivil_03/constituicao/constituicao.htm. Acesso em: 26 mar. 2022.

BRASIL. **Decreto nº 10.712, de 2 de junho de 2021**. Regulamenta a Lei nº 14.134, de 8 de abril de 2021, que dispõe sobre as atividades relativas ao transporte de gás natural, de que trata o art. 177 da Constituição, e sobre as atividades de escoamento, tratamento, processamento, estocagem subterrânea, acondicionamento, liquefação, regaseificação e comercialização de gás natural. Brasília: Presidência da República, 2021. Disponível em: http://www.planalto.gov.br/ccivil_03/_Ato2019-2022/2021/Decreto/D10712.htm. Acesso em: 27 nov. 2022.

BRASIL. **Decreto-lei nº 4.657, de 4 de setembro de 1942**. Lei de Introdução ao Direito Brasileiro. Brasília: Presidência da República, 1942. Disponível em: http://www.planalto.gov.br/ccivil_03/decreto-lei/del4657compilado.htm. Acesso em: 21 maio 2022.

BRASIL. **Deliberação ARSESP nº 744, de 26 de julho de 2017**. São Paulo: ARSESP, 2017. Disponível em: http://www.arsesp.sp.gov.br/LegislacaoArquivos/ldl7442017.pdf. Acesso em: 27 abr. 2022.

BRASIL. **Emenda Constitucional nº 9, de 9 de novembro de 1995**. Dá nova redação ao art. 177 da Constituição Federal, alterando e inserindo parágrafos. Brasília, DF: Mesas da Câmara dos Deputados e do Senado Federal, 1995. Disponível em: http://www.planalto.gov.br/ccivil_03/constituicao/emendas/emc/emc09.htm. Acesso em: 26 mar. 2022.

BRASIL. **Instrução nº 10, de 20 de junho de 2014**. Instala a Comissão de Mediação, Conciliação e Arbitragem da Superintendência Nacional de Previdência Complementar – CMCA e aprova o seu regulamento. Brasília: PREVIC, 2014.

BRASIL. **Instrução nº 17, de 13 de setembro de 2019**. Cria a Câmara de Mediação, Conciliação e Arbitragem – CMCA da Superintendência Nacional de Previdência Complementar – Previc em substituição à Comissão de Mediação, Conciliação e Arbitragem para atender ao disposto nas Leis nº 13.129, de 26 de maio de 2015 e nº 13.140, de 26 de junho de 2015, e aprova o seu regulamento. Brasília: PREVIC, 2019.

BRASIL. **Lei no 11.909, de 4 de março de 2009**. Dispõe sobre as atividades relativas ao transporte de gás natural, de que trata o art. 177 da Constituição Federal, bem como sobre as atividades de tratamento, processamento, estocagem, liquefação, regaseificação e comercialização de gás natural; altera a Lei no 9.478, de 6 de agosto de 1997; e dá outras providências. Brasília, DF: Presidência da República, 2009. Disponível em: http://www.planalto.gov.br/ccivil_03/_ato2007-2010/2009/lei/l11909.htm. Acesso em: 29 maio 2022.

BRASIL. **Lei nº 13.140, de 26 de junho de 2015**. Dispõe sobre a mediação entre particulares como meio de solução de controvérsias e sobre a autocomposição de conflitos no âmbito da administração pública; altera a Lei nº 9.469, de 10 de julho de 1997, e o Decreto nº 70.235, de 6 de março de 1972; e revoga o § 2º do art. 6º da Lei nº 9.469, de 10 de julho de 1997. Brasília, DF: Presidência da República, 2015. Disponível em: http://www.planalto.gov.br/ccivil_03/_ato2015-2018/2015/lei/l13140.htm. Acesso em: 29 maio 2022.

BRASIL. **Lei nº 13.848, de 25 de junho de 2019**. Dispõe sobre a gestão, a organização, o processo decisório e o controle social das agências reguladoras, altera a Lei nº 9.427, de 26 de dezembro de 1996, a Lei nº 9.472, de 16 de julho de 1997, a Lei nº 9.478, de 6 de agosto de 1997, a Lei nº 9.782, de 26 de janeiro de 1999, a Lei nº 9.961, de 28 de janeiro de 2000, a Lei nº 9.984, de 17 de julho de 2000, a Lei nº 9.986, de 18 de julho de 2000, a Lei nº 10.233, de 5 de junho de 2001, a Medida Provisória nº 2.228-1, de 6 de setembro de 2001, a Lei nº 11.182, de 27 de setembro de 2005, e a Lei nº 10.180, de 6 de fevereiro de 2001. Brasília,

DF: Presidência da República, 2019. Disponível em http://www.planalto.gov.br/ccivil_03/_ato2019-2022/2019/lei/l13848.htm. Acesso em: 29 maio 2022.

BRASIL. **Lei nº 14.134, de 8 de abril de 2021**. Dispõe sobre as atividades relativas ao transporte de gás natural, de que trata o art. 177 da Constituição Federal, e sobre as atividades de escoamento, tratamento, processamento, estocagem subterrânea, acondicionamento, liquefação, regaseificação e comercialização de gás natural; altera as Leis nºs 9.478, de 6 de agosto de 1997, e 9.847, de 26 de outubro de 1999; e revoga a Lei nº 11.909, de 4 de março de 2009, e dispositivo da Lei nº 10.438, de 26 de abril de 2002. Brasília, DF: Presidência da República, 2021. Disponível em: http://www.planalto.gov.br/ccivil_03/_ato2019-2022/2021/lei/L14134.htm. Acesso em: 26 mar. 2022.

BRASIL. **Lei nº 13.105, de 16 de março de 2015**. Código de Processo Civil. Brasília, DF: Presidência da República, 2015. Disponível em: http://www.planalto.gov.br/ccivil_03/_ato2015-2018/2015/lei/l13105.htm. Acesso em: 29 maio 2022.

BRASIL. **Lei nº 2.004, de 3 de outubro de 1953**. Dispõe sobre a Política Nacional do Petróleo e define as atribuições do Conselho Nacional do Petróleo, institui a Sociedade Anônima, e dá outras providências. Rio de Janeiro, RJ: Presidência da República, 1953. Disponível em: http://www.planalto.gov.br/ccivil_03/leis/l2004.htm. Acesso em: 26 mar. 2022.

BRASIL. **Lei nº 9.472, de 16 de julho de 1997**. Dispõe sobre a organização dos serviços de telecomunicações, a criação e funcionamento de um órgão regulador e outros aspectos institucionais, nos termos da Emenda Constitucional nº 8, de 1995. Brasília, DF: Presidência da República, 1997. Disponível em: http://www.planalto.gov.br/ccivil_03/leis/l9472.htm. Acesso em: 29 maio 2022.

BRASIL. **Lei nº 9.478, de 6 de agosto de 1997**. Dispõe sobre a política energética nacional, as atividades relativas ao monopólio do petróleo, institui o Conselho Nacional de Política Energética e a Agência Nacional do Petróleo e dá outras providências. Brasília, DF: Presidência da República, 1997. Disponível em: http://www.planalto.gov.br/ccivil_03/leis/l9478.htm. Acesso em: 26 mar. 2022.

BRASIL. **Lei nº 9.784, de 29 de janeiro de 1999**. Regula o processo administrativo no âmbito da Administração Pública Federal. Brasília, DF: Presidência da República, 1999. Disponível em: http://www.planalto.gov.br/ccivil_03/leis/l9784.htm. Acesso em: 29 maio 2022.

BRASIL. **Nota Técnica 01/02 – SCG**. Livre acesso ao gasoduto Bolívia-Brasil: contrato de transporte firme de curto prazo assinado entre TBG e BG. ANP: Rio de Janeiro, 2002. Disponível em: https://www.gov.br/anp/pt-br/assuntos/movimentacao-estocagem-e-comercializacao-de-gas-natural/transporte-de-gas-natural/resolucao-de-conflitos. Acesso em: 26 mar. 2022.

BRASIL. **Portaria nº 8, de 18 de janeiro de 2001**. Delega à Superintendência de Comercialização e Movimentação de Gás Natural, poderes para, em primeira instância, compor e decidir sobre os conflitos instaurados entre a ENERSIL/BG BRASIL e TBG, no que se refere ao transporte firme e não firme de curto prazo através do gasoduto Bolívia-Brasil, no prazo de 60 dias, a contar da publicação desta Portaria. Rio de Janeiro: ANP, 2001.

BRASIL. **Portaria ANP nº 251 de 7 de novembro de 2000**. Estabelece critérios para o livre acesso, por terceiros interessados, aos terminais aquaviários, existentes ou a serem construídos, para movimentação de petróleo e seus derivados. Rio de Janeiro, RJ: ANP, 2000. Disponível em: https://atosoficiais.com.br/anp/portaria-tecnica-n-251-2000-estabelece-criterios-para-o-livre-acesso-por-terceiros-interessados-aos-terminais-aquaviarios-existentes-ou-a-serem-construidos-para-movimentacao-de-petroleo-e-seus-derivados?origin=instituicao. Acesso em: 27 abr. 2022.

BRASIL. **Portaria ANP nº 254, de 11 de setembro de 2001**. Regulamenta a resolução de conflito de que trata o art. 58 da Lei nº 9.478, de 6 de agosto de 1997. Rio de Janeiro, RJ: ANP, 2001. Disponível em: https://atosoficiais.com.br/anp/portaria-tecnica-n-254-2001-regulamenta-a-resolucao-de-conflito-de-que-trata-o-art-58-da-lei-n-9478-de-6-de-agosto-de-1997?origin=instituicao. Acesso em: 27 abr. 2022.

BRASIL. **Portaria ANP nº 265, de 10 de setembro de 2020**. Estabelece o Regimento Interno da Agência Nacional do Petróleo, Gás Natural e Biocombustíveis – ANP. Rio de Janeiro: ANP, 2020. Disponível em: https://www.in.gov.br/web/dou/-/portaria-n-265-de-10-de-setembro-de-2020-276907102. Acesso em: 22 maio 2022.

BRASIL. **Processo administrativo 0812.002692/2002-73**, Rel. Conselheiro Carlos Ragazzo, j. em 25.03.2009. Brasília: CADE, 2009. Disponível em: https://bibliotecadigital.fgv.br/ojs/index.php/rda/article/view/8056/6845. Acesso em: 22 maio 2022.

BRASIL. **Resolução ANP nº 11 de 16 de março de 2016**. Rio de Janeiro, RJ: ANP, 2016. Disponível em: https://atosoficiais.com.br/anp/resolucao-n-11-2016?origin=instituicao&q=11/2016. Acesso em: 27 abr. 2022.

BRASIL. **Resolução ANP nº 42 de 10 de dezembro de 2012**. Rio de Janeiro, RJ: ANP, 2012. Disponível em: https://atosoficiais.com.br/anp/resolucao-n-42-2012?origin=instituicao&q=42%202012. Acesso em: 27 abr. 2022.

BRASIL. **Resolução CNPE nº 3, de 7 de abril de 2022**. Estabelece as diretrizes estratégicas para o desenho do novo mercado de gás natural, os aperfeiçoamentos de políticas energéticas voltadas à promoção da livre concorrência nesse mercado, os fundamentos do período de transição, e dá outras providências. Rio de Janeiro: ANP, 2022. Disponível em: https://www.gov.br/mme/pt-br/assuntos/conselhos-e-comites/cnpe/resolucoes-do-cnpe/2022/ResoluoCNPE_3_2022.pdf. Acesso em: 22 maio 2022.

BRASIL. **Resolução Conjunta nº 2, de 27 de março de 2001**. Aprova o Regulamento Conjunto de Resolução de Conflitos das Agências Reguladores dos Setores de Energia Elétrica, Telecomunicações e Petróleo. Brasília, DF: ANEEL, ANATEL, ANP, 2001. Disponível em: https://informacoes.anatel.gov.br/legislacao/resolucoes/resolucoes-conjuntas/85-resolucao-conjunta-2. Acesso em: 27 abr. 2022.

BRASIL. **Resolução Conjunta nº 3, de 24 de novembro de 2020**. Recria a Comissão de Resolução de Conflitos das Agências Reguladoras dos Setores de Energia Elétrica, Telecomunicações e Petróleo. ANP, ANEEL, ANATEL: 2020. Brasília, DF: ANEEL, ANATEL, ANP, 2020. Disponível em: https://www.in.gov.br/en/web/dou/-/resolucao-conjunta-n-3-de-24-de-novembro-de-2020-290782951. Acesso em 27 abr. 2022.

BRASIL. **Resolução nº 125, de 29 de novembro de 2010**. Dispõe sobre a Política Judiciária Nacional de tratamento adequado dos conflitos de interesses no âmbito do Poder Judiciário e dá outras providências. Brasília: Conselho Nacional de Justiça – CNJ, 2010. Disponível em: https://atos.cnj.jus.br/files/compilado18553820210820611ffaaaa2655.pdf. Acesso em: 22 maio 2022.

BRASIL. **Termo de Compromisso de Cessação de Práticas**, assinado por Petrobras e CADE em 8 de julho de 2019, conforme https://petrobras.com.br/data/files/0D/92/F0/C7/B81DB710E2EF93B7B8E99EA8/TCC%20assinado%20entre%20o%20Cade%20e%20Petrobras%20_1_.pdf. Acesso em: 27 abr. 2022.

BINENBOJM, Gustavo. **Poder de polícia, ordenação, regulação**: transformações político-jurídicas, econômicas e institucionais do direito administrativo ordenador. 3. ed. Belo Horizonte: Fórum, 2020.

BINENBOJM, Gustavo. **Uma teoria do direito administrativo**: direitos fundamentais, democracia e constitucionalização. 3 ed. rev. atual. Rio de Janeiro: Renovar, 2014. p. 240-256.

BUAIZ NETO, José Alexandre; SILVEIRA LOBO, Marcello Portes da; MONTEIRO, Mariana Pires; VARGAS, Pedro Ícaro Lopes. **Mercado de gás natural**: uma abertura negociada. Disponível em: https://www.pinheironeto.com.br/publicacoes/mercado-de-gas-natural-uma-abertura-negociada. Acesso em: 21 maio 2022.

BUAIZ NETO, José Alexandre; SILVEIRA LOBO, Marcello Portes da; PIRES MONTEIRO, Mariana; **Concorrência no refino**: uma transição negociada. Disponível em: https://www.pinheironeto.com.br/publicacoes/concorrencia-no-refino-uma-transicao-negociada. Acesso em: 22 maio 2022.

BUAIZ NETO, José Alexandre; SILVEIRA LOBO, Marcello Portes da. **Livre concorrência no mercado de combustíveis, meta para 2020?** Disponível em: https://www.pinheironeto.com.br/publicacoes/livre-concorrencia-no-mercado-de-combustiveis-meta-para-2020. Acesso em: 21 maio 2022.

CBIE. **O que são indústrias de redes?** Disponível em: https://cbie.com.br/artigos/o-que-sao-industrias-de-redes/#:~:text=Ind%C3%BAstrias%20de%20rede%20 s%C3%A3o%20aquelas,da%20rede%20%E2%80%93%20n%C3%A3o%20da%20empresa. Acesso em: 15 out. 2022.

CECCHI, José Cesário (Coord.). **Indústria Brasileira de gás natural**: regulação atual e desafios futuros. Rio de Janeiro: ANP, 2001.

CERI, Centro de Estudos em Regulação e Infraestrutura. **Distribuição de gás natural no Brasil**. Disponível em: https://ceri.fgv.br/sites/default/files/publicacoes/2019-07/Cartilha%20distribuição_formatada%2012072019.pdf. Acesso em 21 nov. 2021.

COASE, Ronald H. **The Nature of the Firm**. Economica, v. 4, n. 16, 1937, p. 386–405. Disponível em: http://www.jstor.org/stable/2626876. Acesso em: 12 out. 2022.

CORREIA, Raphael Barboza. **Equilíbrio do espaço regulatório compartilhado no setor de gás natural brasileiro**. Dissertação para obtenção de grau de mestre apresentada à Escola de Direito do Rio de Janeiro da Fundação Getúlio Vargas. 2021. Disponível em: https://bibliotecadigital.fgv.br/dspace/handle/10438/31376. Acesso em: 28 maio 2022.

D'Almeida, Albino Lopes. **Indústria do petróleo no Brasil e no mundo**: formação, desenvolvimento e ambiência atual. São Paulo: Blucher, 2015.

DA SILVA, Paulo Eduardo. Resolução de disputas: métodos adequados para resultados possíveis e métodos possíveis para resultados adequados. In: SALLES, Carlos Alberto de; LORENCINI, Marco Antônio Garcia Lopes (coord.). **Negociação, mediação, conciliação e arbitragem**: curso de métodos adequados de solução de controvérsias. 3. ed. Rio de Janeiro: Forense, 2020.

DEMARCHI, Juliana. Técnicas de conciliação e mediação. *In*: GRINOVER, Ada Pellegrini; WATANABE, Kazuo; LAGRASTA NETO, Caetano (Coord.). **Mediação e gerenciamento do processo**: revolução na prestação jurisdicional: guia prático para a instalação do setor de conciliação e mediação. 3. reimpr. São Paulo: Atlas, 2013.

EUA. **FERC Fiscal Years 2022-2026 Strategic Plan**. FERC, 2022. p. 25-26. Disponível em: https://cms.ferc.gov/media/ferc-fy22-26-strategic-plan. Acesso em: 7 maio 2022.

FACHIN, Luiz Edson; SILVA, Fernando Quadros da. Justiça e segurança normativa à luz de aperfeiçoamentos no processo regulatório. *In*: FONSECA, Reynaldo Soares da; COSTA, Daniel Castro Gomes da (Coord.). **Direito regulatório**: desafios e perspectivas para a Administração Pública. Belo Horizonte: Fórum, 2020.

FALEIRO, Mariângela Meyer; RESENDE, Clayton Rosa de; VEIGA, Juliano Carneiro. *In*: FUX, Luiz; ÁVILA, Henrique; CABRAL, Trícia Navarro Xavier (Coord.). **Tecnologia e justiça multiportas**. Indaiatuba, SP: Editora Foco, 2021.

FERRAZ JUNIOR, Tercio Sampaio. **Introdução ao estudo do direito**: técnica, decisão, dominação. 11. ed. São Paulo: Atlas, 2019.

FERREIRA, Marcio Vieira Souto Costa. Princípios fundamentais do processo e a legitimidade do sistema de justiça multiportas. *In*: FUX, Luiz; ÁVILA, Henrique; CABRAL, Trícia Navarro Xavier (Coord.). **Tecnologia e justiça multiportas**. Indaiatuba, SP: Editora Foco, 2021.

FGV. **Caderno FGV Energia**: Gás Natural. Ano 1, n. 2. Rio de Janeiro, 2014. Disponível em: https://fgvenergia.fgv.br/sites/fgvenergia.fgv.br/files/caderno_fgv_energia_-_gas_natural_ok_19_11_14_0.pdf. Acesso em: 26 mar. 2022.

FULLER, Lon L.; WINSTON, Kenneth I. **The Forms and Limits of Adjudication**. Harvard Law Review, v. 92, n. 2, 1978. Disponível em: https://doi.org/10.2307/1340368. Acesso em: 26 nov. 2022.)

FONSECA, Reynaldo Soares da; COSTA, Daniel Castro Gomes da (Coord.). **Direito Regulatório**: desafios e perspectivas para a Administração Pública. Belo Horizonte: Fórum, 2020.

FUX, Luiz; BODART, Bruno. **Processo civil e análise econômica**. 2. ed. Rio de Janeiro: Forense, 2021.

GIAMBIAGI, Fabio; LUCAS, Luiz Paulo Vellozo (Orgs.). **Petróleo**: reforma e contrarreforma no setor petrolífero brasileiro.

GILSON, Ronald J., MNOOKIN, Robert. Cooperation and Competition in Litigation: Can Lawyers Dampen Conflict? *In*: ARROW, Kenneth; MNOOKIN, Robert; ROSS, Lee; TVERSKY, AMOS; WILSON, Robert (ed.). **Barriers to Conflict Resolution**. New York: W.W. Norton & Company, 1995.

GIUSTI, Gilberto; SILVEIRA LOBO, Marcello Portes da. **Construindo pontes em tempos de covid-19**: projeto-piloto de conciliação e mediação do TJSP. Disponível em: https://www.migalhas.com.br/depeso/325384/construindo-pontes-em-tempos-de-covid-19---projeto-piloto-de-conciliacao-e-mediacao-do-tj-sp. Acesso em 22 maio 2022.

GIUSTI, Gilberto; SILVEIRA LOBO, Marcello Portes da. **Cumprimento de contratos e resolução de controvérsias em tempos de COVID-19**. Disponível em: https://www.migalhas.com.br/depeso/324540/cumprimento-de-contratos-e-resolucao-de-controversias-em-tempos-de-covid-19. Acesso em: 22 maio 2022.

GONÇALVES, Carla Maria de Oliveira Castro. **A revisão do marco regulatório para o setor de gás natural e o by pass da rede de distribuição.** Dissertação para obtenção de grau de mestre apresentada à Escola de Direito do Rio de Janeiro da Fundação Getúlio Vargas. 2019. Disponível em: https://bibliotecadigital.fgv.br/dspace/handle/10438/28876. Acesso em: 28 maio 2022.

GRINOVER, Ada Pellegrini. **Deformalização do processo e deformalização das controvérsias.** *In*: Revista de Informação Legislativa, n. jan/mar. 1988, p. 191-218, 1988. p. 17. Disponível em: http://www2.senado.leg.br/bdsf/handle/id/181826. Acesso em: 22 nov. 2022.

GRINOVER, Ada. Os fundamentos da justiça conciliativa. *In*: GRINOVER, Ada Pellegrini; WATANABE, Kazuo; LAGRASTA NETO, Caetano (Coord.). **Mediação e gerenciamento do processo**: revolução na prestação jurisdicional: guia prático para a instalação do setor de conciliação e mediação. 3. reimpr. São Paulo: Atlas, 2013.

GUERRA, Sérgio. **Agências Reguladoras**: da organização administrativa piramidal à governança em rede. 2. ed. Belo Horizonte: Fórum, 2021.

GUERRA, Sérgio. **Discricionariedade, regulação e reflexividade**: uma Nova Teoria sobre as Escolhas Administrativas. 6. ed. rev. e atual. Belo Horizonte: Fórum, 2021

HART, Oliver; MOORE, John. **Contracts as Reference Points**. The Quarterly Journal of Economics, v. 123, n. 1, 2008, p. 1–48. Disponível em: http://www.jstor.org/stable/25098893. Acesso em: 28 ago. 2022.

IAB. **Parecer sobre Projeto de Lei nº 3.293/2021 ("PL") sobre alteração da Lei nº 9.307/96**. Rio de Janeiro: Instituto dos Advogados Brasileiros, 2022. Disponível em: https://www.migalhas.com.br/arquivos/2022/7/4E0DEC474B53E4_ParecerArbitragem.pdf. Acesso em: 4 set. 2022.

JORDÃO, Eduardo. **Controle judicial de uma administração pública complexa**: a experiência estrangeira na adaptação da intensidade do controle. São Paulo: Malheiros: SBDP, 2016.

JORDÃO, Eduardo. Passado, presente e futuro: ensaio sobre a história do controle judicial da administração pública no Brasil. *In*: LEAL, Fernando (Coord.). *Constitucionalismo de realidade*: democracia, direitos e instituições. Belo Horizonte: Fórum, 2019.

JORDÃO, Eduardo; CABRAL Jr., Renato Toledo. **A teoria da deferência e a prática judicial: um estudo empírico sobre o controle do TJ-RJ à AGENERSA**. Revista de Estudos Institucionais, v. 4, n. 2, 2018. Disponível em: https://estudosinstitucionais.com/REI/article/view/307. Acesso em: 6 nov. 2022).

JORDÃO, Eduardo; RIBEIRO, Leandro Molhano; SALINAS, Natasha Schimitt Caccia; SAMPAIO, Patrícia Regina Pinheiro. **A produção legislativa do Congresso Nacional sobre agências reguladoras**. Revista de Informação Legislativa: RIL, Brasília, DF, v. 56, n. 222, p. 75-107, abr./jun. 2019. Disponível em: https://www12.senado.leg.br/ril/edicoes/56/222/ril_v56_n222_p75. Acesso em: 19 nov. 2022.

KAHNEMAN, Daniel. **Rápido e devagar***:* duas formas de pensar. Rio de Janeiro: Objetiva, 2012.

KINGESKI, Adriana Pires. O Poder Judiciário e o Projeto Gemini: uma reflexão do caso do setor de gás natural ante o novo mercado de gás. *In*: REIS, Henrique; MARIANI, Rômulo; GOMES, Victor. **Temas relevantes do novo mercado de gás natural : uma análise jurídica e regulatória, tomo I**. Rio de Janeiro : Synergia, 2020.

LORENCINI, Marco Antônio Garcia Lopes. "Sistema multiportas": opções para tratamento de conflitos de forma adequada. *In*: SALLES, Carlos Alberto de; LORENCINI, Marco Antônio Garcia Lopes (coord.). **Negociação, mediação, conciliação e arbitragem**: curso de métodos adequados de solução de controvérsias. 3. ed. Rio de Janeiro: Forense, 2020.

MANO, Gustavo; TIRYAKI, Gisele Ferreira. **Contribuições da Lei do Gás para a Solução de Conflitos Regulatórios entre a União e os Estados**. *In*: Revista econômica do Nordeste. Vol. 42, n. 3 (jul./set. 2011). Fortaleza: Banco do Nordeste, 2011. Disponível em: https://www.bnb.gov.br/revista/index.php/ren/article/view/159/138. Acesso em: 27 abr. 2022.

MARQUES, Lara Cristina Ribeiro Piau. **Efeitos da judicialização das escolhas regulatórias complexas no setor elétrico brasileiro que impactam as liquidações da CCEE**. Dissertação (mestrado) – Escola de Direito do Rio de Janeiro da Fundação Getulio Vargas. 2017. Disponível em: https://bibliotecadigital.fgv.br/dspace/handle/10438/20310. Acesso em: 26 nov. 2022.

MARQUES, Kassio Nunes. Temas de direito de energia à luz da análise econômica do direito e dos mecanismos de solução de conflito. *In*: FONSECA, Reynaldo Soares da; COSTA, Daniel Castro Gomes da (Coord.). **Direito regulatório**: desafios e perspectivas para a Administração Pública. Belo Horizonte: Fórum, 2020.

MARQUES, Mauro Luiz Campbell. Os desafios da implantação de método alternativo de solução de controvérsias em contratos administrativos em razão do conflito de interesses no âmbito da atividade normativa das agências reguladoras: breve estudo envolvendo as UHE de Jaguará, Miranda e São Simão. *In*: FONSECA, Reynaldo Soares da; COSTA, Daniel Castro Gomes da (Coord.). **Direito regulatório**: desafios e perspectivas para a Administração Pública. Belo Horizonte: Fórum, 2020.

MCCARTHY GALLAGHER, Deirdre; MILES, Richard L.; PURDY, Jerrilynne. **Alternative dispute resolution in the regulatory process**. East Lansing: Michigan State University Press, 2020

MEDAUAR, Odete. **O direito administrativo em evolução**. 3 ed. Brasília, DF: Gazeta Jurídica, 2017.

MNOOKIN, Robert. **Bargaining with the devil:** when to negotiate, when to fight. New York: Simon & Schuster, 2011.

MNOOKIN, Robert; ROSS, Lee. Introduction. *In*: ARROW, Kenneth; MNOOKIN, Robert; ROSS, Lee; TVERSKY, AMOS; WILSON, Robert (ed.). **Barriers to Conflict Resolution**. New York: W.W. Norton & Company, 1995.

MOREIRA, Egon Bockmann. **Crescimento econômico, discricionariedade e o princípio da deferência**. Disponível em: http://www.direitodoestado.com.br/colunistas/egon-bockmann-moreira/crescimento-economico-discricionariedade-e-o-principio-da-deferencia. Acesso em: 6 nov. 2022.

NADER, Paulo. **Introdução ao estudo do direito**. 44. ed. Rio de Janeiro: Forense, 2022.

NUNES, Thiago Marinho. **Revisitando a confidencialidade na arbitragem**. Disponível em: https://www.migalhas.com.br/coluna/arbitragem-legal/344369/revisitando-a-confidencialidade-na-arbitragem. Acesso em: 15 out. 2022.

PALMA DE JORGE, Álvaro; FERREIRA, Matheus Belém. O argumento das capacidades institucionais na atividade de controle: um conceito, algumas críticas e um olhar empírico na sua aplicação pelo Supremo Tribunal Federal. *In*: LEAL, Fernando; MENDONÇA, José Vicente Santos de (Orgs.). **Transformações do direito administrativo**: debates e estudos empíricos em direito administrativo e regulatório. Rio de Janeiro: FGV Direito Rio, 2022. Disponível em: https://bibliotecadigital.fgv.br/dspace;handle/handle/10438/31877?locale-attribute=pt_BR. Acesso em: 28 maio 2022.

PETROBRAS. **Fato Relevante**: Revisão do Plano de Desinvestimento. Rio de Janeiro, RJ: Petrobras. Disponível em: https://mz-filemanager.s3.amazonaws.com/25fdf098-34f5-4608-b7fa-17d60b2de47d/comunicados-ao-mercadocentral-de-downloads/974dac50811a5083171f73a6b70322d7475b9acbef66c20a-a0ed61045517b563/fato_relevante_revisao_do_plano_de_desinvestimento.pdf. Acesso em: 26 mar. 2022.

PIMENTEL, Wilson. Introdução à análise econômica da solução de disputas. *In*: PINHEIRO, Armando Castelar; PORTO; Antonio José Maristrello; PINHEIRO SAMPAIO, Patrícia Regina (coords.). **Direito e Economia**: diálogos II. Rio de Janeiro: FGV Editora, 2022.

PORTO, Antônio Maristrello; GAROUPA, Nuno. **Curso de análise econômica do direito**. São Paulo: Atlas, 2020.

PRADE, Yanna. A liberalização do mercado e a flexibilidade na indústria de gás no Brasil. *In*: ALMEIDA, Edmar Luiz Fagundes de; PRADE, Yanna Clara; ALMEIDA, José Ricardo Uchôa Cavalcanti (org.). **Flexibilidade na indústria de gás natural**: mecanismos e estratégias para apoiar a concorrência no mercado brasileiro; organização. 1ª ed. Rio de Janeiro: Synergia, 2021.

RAIFFA, Howard. Analytical Barriers. *In*: ARROW, Kenneth; MNOOKIN, Robert; ROSS, Lee; TVERSKY, AMOS; WILSON, Robert (ed.). **Barriers to Conflict Resolution**. New York: W.W. Norton & Company, 1995.

REALE, Miguel. **Lições preliminares de direito**. 27. ed., São Paulo: Saraiva, 2002.

RISKIN, Leonard L.; WESTBROOK, James E.; GUTHRIE, Chris; HEINSZ, Timothy J.; REUBEN, Richard C.; ROBBENNOLT, Jennifer K. **Dispute Resolution and Lawyers**. 3. ed. Minnesota: Thomson West Publishing, 2005.

ROMEIRO, Diogo. Geração termelétrica e a demanda por flexibilidade na indústria de gás no Brasil. *In* ALMEIDA, Edmar Fagundes de; PRADE, Yanna; ALMEIDA, José Ricardo Uchôa Cavalcanti (Org.). **Flexibilidade na indústria de gás natural**:

mecanismos e estratégias para apoiar a concorrência no mercado brasileiro. 1ª ed. Rio de Janeiro: Synergia, 2021. p. 57.

SALLES, Carlos Alberto de. A solução consensual de controvérsias administrativas: o caso do Governo federal norte-americano. *In*: ÁVILA, Henrique; WATANABE, Kazuo; NOLASCO, Rita Dias; XAVIER, Trícia Navarro. **Desjudicialização, justiça conciliativa e poder público** (Coord.). São Paulo: Thomson Reuters Brasil, 2021.

SALLES, Carlos Alberto, LORENCINI, Marco Antonio Garcia Lopes, SILVA, Paulo Eduardo Alves (Coord.). **Negociação, mediação, conciliação e arbitragem**: curso de métodos adequados de solução de controvérsias. 3. ed. Rio de Janeiro: Forense, 2020.

SAMPAIO, Patrícia Regina Pinheiro. **Regulação e concorrência nos setores de infraestrutura: análise do caso brasileiro à luz da jurisprudência do CADE**. Tese de doutorado. USP, 2012. Disponível em: https://www.teses.usp.br/teses/disponiveis/2/2139/tde-27082013-143232/publico/Tese_Patricia_Regina_Pinheiro_Sampaio.pdf. Acesso em: 21 maio 2022

SANTOS, Pedro Felipe de Oliveira; FONSECA, Gabriel Campos Soares da. Intervenção judicial e políticas regulatórias: por uma análise institucional. *In*: FONSECA, Reynaldo Soares da; COSTA, Daniel Castro Gomes da (Coord.). **Direito Regulatório**: desafios e perspectivas para a Administração Pública. Belo Horizonte: Fórum, 2020.

SCHMIDT, Gustavo da Rocha; BRUXELLAS, Luíza Lucas. Arbitragem, contratos administrativos e custos de transação. *In*: PORTO, Antônio Maristrello; SEIXAS, Luiz Felipe Monteiro (Orgs.). **Perspectivas da análise econômica do direito no Brasil**. Rio de Janeiro: FGV Direito Rio, 2022. p. 270.

SHAVELL, Steven. **Suit, Settlement, and Trial**: A Theoretical Analysis under Alternative Methods for the Allocation of Legal Costs. The Journal of Legal Studies, v. 11, n. 1. The University of Chicago Press, 1982. p. 55-81. Disponível em: https://jstor.org/stable/724155. Acesso em: 12 out. 2022.

SILVEIRA LOBO, Carlos Augusto da. **História e perspectivas da arbitragem no Brasil**. *In*: Revista de arbitragem e mediação: vol. 13, n. 50 (jul./set. 2016). São Paulo: Instituto dos Advogados de São Paulo (IASP), 2016. Disponível em: http://www.mpsp.mp.br/portal/page/portal/documentacao_e_divulgacao/doc_biblioteca/bibli_servicos_produtos/bibli_boletim/bibli_bol_2006/RArbMed_n.50.06.PDF. Acesso em: 29 out. 2022.

SILVEIRA LOBO, Marcello Portes da. **Decisões regulatórias**: análises técnicas e legitimidade. https://www.migalhas.com.br/depeso/373986/decisoes-regulatorias-analises-tecnicas-e-legitimidade. Acesso em: 29 out. 2022.

SILVEIRA LOBO, Marcello Portes da. Em busca de maior legitimidade dos atos administrativos de regulação. *In*: GUERRA, Sérgio (Org.). **Teoria do Estado Regulador**. v.5. Curitiba: Juruá, 2022.

SILVEIRA LOBO, Marcello Portes da. **Projeto de lei do gás**: um longo trajeto até a entrega do gás ao mercado. Disponível em: https://www.pinheironeto.com.br/publicacoes/projeto-de-lei-do-gas-um-longo-trajeto-ate-a-entrega-do-gas-ao-mercado. Acesso em: 21 maio 2022.

SILVEIRA LOBO, Marcello Portes da. Repactuação de contratos durante a pandemia: comentários com base na análise econômica e comportamental do direito. *In*: PORTO, Antônio Maristrello; SEIXAS, Luiz Felipe Monteiro (Orgs.). **Perspectivas da análise econômica do direito no Brasil**. Rio de Janeiro: FGV Direito Rio, 2022.

SILVEIRA LOBO, Marcello Portes da. **Segurança jurídica**: um objetivo constante. Disponível em: https://www.migalhas.com.br/depeso/279523/seguranca--juridica--um-objetivo-constante. Acesso em: 21 maio 2022.

SILVEIRA LOBO, Marcello Portes da; AMARANTE, Marcella. **Mudanças infralegais no setor de gás**: decreto do gás para crescer. Disponível em: https://www.migalhas.com.br/depeso/293363/mudancas-infralegais-no-setor-de-gas--decreto-do-gas-para-crescer. Acesso em 22 maio 2022.

SILVEIRA LOBO, Marcello Portes da; FARIA, Luis Cláudio; DA COSTA, Vitor Chavantes. **A nova proposta de regulamentação da mediação e arbitragem administrativa no âmbito da ANTAQ**. Disponível em: https://www.migalhas.com.br/coluna/migalhas-maritimas/368375/regulamentacao-da-mediacao-e--arbitragem-administrativa-na-antaq. Acesso em: 15 out. 2022.

SILVEIRA LOBO, Marcello Portes da; PAIXÃO, Juliana. Controle indireto do ato administrativo: análise da deferência do Tribunal de Justiça do Estado do Rio de Janeiro à decisão da ANEEL sobre contratos com demanda contratada durante a pandemia. *In*: LEAL, Fernando; MENDONÇA, José Vicente Santos de (Orgs.). **Transformações do direito administrativo** : debates e estudos empíricos em direito administrativo e regulatório. Rio de Janeiro : FGV Direito Rio, 2022. Disponível em: https://bibliotecadigital.fgv.br/dspace;handle/handle/10438/31877?locale-attribute=pt_BR. Acesso em: 28 maio 2022.

SILVEIRA LOBO, Marcello Portes da; REIS, Luccas. **Resolução CNPE nº 03/2022**: consolidação de diretrizes e as medidas de transição para o novo mercado de gás. Disponível em: https://br.lexlatin.com/opiniao/medidas-de-transicao-para--o-novo-mercado-de-gas. Acesso em: 21 maio 2022.

SILVEIRA LOBO, Marcello Portes da; VARGAS, Pedro Ícaro Lopes. **Mais um passo na abertura do mercado de gás**: acesso de terceiros às UPGNs da Petrobras. Disponível em: https://www.pinheironeto.com.br/publicacoes/mais-um-passo--na-abertura-do-mercado-de-gas-acesso-de-terceiros-as-upgns-da-petrobras. Acesso em 22 maio 2022.

SILVEIRA LOBO, Marcello Portes da; VARGAS, Pedro Ícaro Lopes. **Mais uma etapa rumo ao novo mercado do gás**: publicado decreto que regulamenta a nova lei do gás. Disponível em: https://www.pinheironeto.com.br/publicacoes/

mais-uma-etapa-rumo-ao-novo-mercado-do-gas-publicado-decreto-que-regulamenta-a-nova-lei-do-gas. Acesso em: 21 maio 2022.

SILVEIRA LOBO, Marcello Portes da; VARGAS, Pedro Ícaro Lopes. **Projeto de nova lei do gás aprovado**: o que mudará com o novo marco? Disponível em: https://www.pinheironeto.com.br/publicacoes/projeto-de-nova-lei-do-gas-aprovado-o-que-mudara-com-o-novo-marco. Acesso em: 21 maio 2022.

SILVEIRA LOBO, Marcello Portes da; VARGAS, Pedro Ícaro Lopes. **Resolução CNPE nº 16/2019**: novo gás para a economia brasileira. Disponível em: https://www.pinheironeto.com.br/publicacoes/resolucao-cnpe-16-2019-novo-gas-para-a-economia-brasileira. Acesso em: 21 maio 2022.

SILVEIRA LOBO, Marcello Portes da; VIANNA, Caio. **Desverticalização de setores**: quando o vendedor passa a parceiro, cliente, fornecedor ou operador. Disponível em: https://www.pinheironeto.com.br/Documents/infraestrutura-brasil.pdf. Acesso em: 21 maio 2022.

SIMON, Herbert. **A Behavioral Model of Rational Choice**. The Quarterly Journal of Economics, v. 69, n. 1. Oxford University Press, 1955. p. 99-118. Disponível em: https://jstor.org/stable/1884852. Acesso em: 12 out. 2022.

SOARES, Gustavo. Flexibilidade da demanda não termelétrica de gás no Brasil: história e lições. *In*: Edmar Luiz Fagundes de Almeida, Yanna Clara Prade, José Ricardo Uchôa Cavalcanti Almeida (Org.). **Flexibilidade na indústria de gás natural**: mecanismos e estratégias para apoiar a concorrência no mercado brasileiro; organização. 1ª ed. Rio de Janeiro: Synergia, 2021.

TAVARES, Amanda; ALMEIDA, José Ricardo Uchôa Cavalcanti. A estocagem subterrânea como fonte de flexibilidade da oferta de gás natural. *In*: ALMEIDA, Edmar Luiz Fagundes de; PRADE, Yanna Clara; ALMEIDA, José Ricardo Uchôa Cavalcanti (Org.). **Flexibilidade na indústria de gás natural**: mecanismos e estratégias para apoiar a concorrência no mercado brasileiro; organização. 1ª ed. Rio de Janeiro: Synergia, 2021.

TIBURCIO, Carmen; MEDEIROS, Suzana. Arbitragem na indústria do petróleo no direito brasileiro. *In*: RIBEIRO, Marilda Rosado de Sá (Org.). **Estudos e pareceres**: direito do petróleo e gás. Rio de Janeiro: Renovar, 2005.

VENOSA, Sílvio de Salvo. **Introdução ao estudo do direito**. 7. ed. Barueri, SP: Atlas, 2022.

VILAR, Natália Ribeiro Machado. **Comportamento litigioso como a neurociência, a psicologia e a economia explicam o excesso de processos no Brasil**: uma análise da hiperlitigiosidade brasileira que leva em conta o real comportamento humano e o sistema de incentivos dos atores processuais. Indaiatuba: Editora Foco, 2021.

VON IHERING, Rudolf. **A luta pelo direito**. 16. ed. Rio de Janeiro: Forense, 1998.

WATANABE, Kazuo. A Mentalidade e os Meios Alternativos de Solução de Conflitos no Brasil. *In*: GRINOVER, Ada Pellegrini; WATANABE, Kazuo; LAGRASTA NETO, Caetano (Coord.). **Mediação e gerenciamento do processo**: revolução na prestação jurisdicional : guia prático para a instalação do setor de conciliação e mediação. 3. reimpr. São Paulo: Atlas, 2013.

WOLKART, Erik Navarro. **Análise econômica do processo civil**: como a economia, o direito e a psicologia podem vencer a tragédia da justiça. 2. ed. São Paulo: Thomson Reuters Brasil, 2020.

ZYLBERSZTAIN, David; AGEL, Sonia. A reforma do setor de petróleo de 1997: racionalidade, concepção e implementação. *In*: PIRES, Adriano, GIAMBIAGI, Fabio; VELLOZO LUCAS, Luiz Paulo (Org.). **Petróleo**: reforma e contrarreforma do setor petrolífero brasileiro. Rio de Janeiro: Elsevier, 2013.